어린이를 위한 돈의 속성

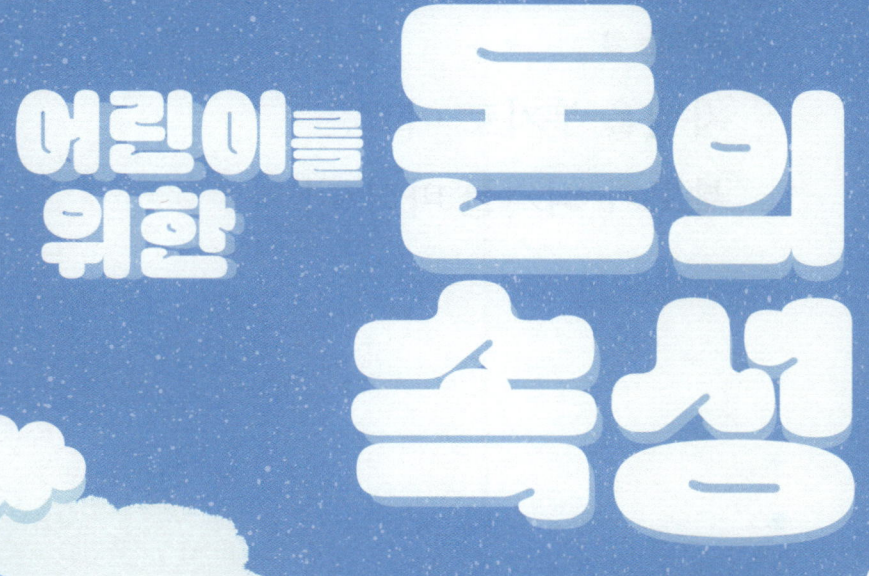

어린이를 위한 **돈의 속성**

서진 엮음 | 강인성 그림

들어가는 말

자식을 부자로 이끄는 부모가 되기를 바라며!

   왜 한국 청년들은 교사나 대기업 직원, 건물주가 꿈일까요?

   저는 부모가 잘못 지도했기 때문이라고 생각합니다. '사업은 망하기 쉬워. 공무원이 되거나 누구나 입사하고 싶어 하는 좋은 회사에 취직하는 게 최고지.'라고 생각하는 부모들이 많으니까요. 자녀에게도 그렇게 말해온 시간이 길지요.

하지만 생각해 보세요. 교사나 공무원, 회사원은 월급은 꼬박꼬박 나오지만, 큰 부자가 되기는 어려운 직업입니다. 부모들이 노후 준비 다 해놓고 자식들의 미래까지 책임질 수 있나요? 그게 아니라면, 퇴직하면 수입이 끊기는 직업을 권하는 것은 잘못 아닌가요?

여러분의 자녀는 스스로 공부를 하나요, 아니면 시킬 때만 공부하거나 시켜도 하지 않나요?
만약 후자라면 근사한 직업을 하나 추천하고 싶습니다. 고집이 있고 대항하고 저항하고 '아니요, 싫어요'를 곧잘 한다면, 모든 걸 할 수 있는 직업, 바로 '기업가'입니다. 당돌하고 말 안 듣고 어디로 튈지 모르는 아이, 어려서부터 형식과 권위에 얽매이지 않고 저항하고 따지는 아이, 바로 사업가가 될 아이입니다.

한국 청년들은 창의적이고 뛰어난 실험 정신을 갖고 있습니다.

그럼에도 부모들은 자신들의 경험을 바탕으로 도전을 포기하라고 해요. 열심히 공부해서 대기업에 취직하거나 전문직에 안착하는 목표를 주는 것이죠.

이것은 자녀의 잠재력을 너무 과소평가한 거예요.

한 젊은이가 마음먹으면 무엇을 할 수 있는지, 얼마나 큰 가능성이 있는지 몰라요. 부모의 포기를 자녀에게 물려주지 마세요. 어디까지 발전해 나갈지 모르는 아이를 대기업 직장인에 머물게 하지 마세요.

자녀에게 증권 계좌를 하나 만들어 주세요.
통장에 한두 달 학원비 정도의 금액을 넣어 주고, 그중 70%로는 최고 기업의 주식을 사준 다음, 나머지 30%는 자녀가 결정하게 하는 거죠. 청소년들에게 인기 있는 제품이나 서비스

가 있다면, 그런 종목들을 사면 됩니다.

그리고 매달 받는 용돈을 아껴서 투자하게 하세요. 이런 기회를 통해 자녀에게 경제 용어를 가르치고, 주가가 오르거나 내리면 함께 분석도 해보세요.

이 방법에 자녀가 흥미를 느낀다면, 사업의 천재로 키울 수 있습니다.

음악이나 운동, 공부에만 천재가 있는 것이 아닙니다. 사업도 가르치면 천재가 될 수 있어요. 그러면 자녀는 정치·경제·사회의 모든 이면을 바라볼 수 있을 것입니다. 어려운 공부가 저절로 되니, 잔소리 안 해도 성적이 올라가요. 주식 투자는 사업을 이해하고, 경제를 이해하고, 회사의 경영 시스템을 현장에서 볼 수 있게 하는 강력한 도구입니다.

만약 자녀가 창업을 원할 경우에는 필요한 공부를 스스로 찾아서 하게 됩니다. 공부하기 싫어하는 아이들은 수학이 왜 필요하고, 영어가 왜 필요한지 몰랐을 뿐입니다.

자녀의 생일에 '기업가'라고 적힌 근사한 명함을 선물해 보세요.

명함과 은행 계좌, 증권 계좌를 가지고 있는 것만으로도 자녀는 도전 정신을 가지게 됩니다. 실패할까 두렵다고요? 번번이 실패해도 한 번만 성공하면 됩니다. 실패해도 부모가 지지해 준다면 반드시 성공할 것입니다.

문제는 이 말을 듣고도 자녀에게 안정된 삶을 권하면서 이 방법을 실천하지 않는 것입니다.

만약 부모가 당신이 어려서부터 기업가의 꿈을 심어 주고 지원을 아끼지 않았다면, 어쩌면 당신은 지금 다니는 회사의 사장이 되어 있지 않았을까요? 지금 당신이 그런 부모가 되어 준다면, 증권 계좌에 넣어준 돈의 수백 배를 자녀로부터 돌려받는 날이 반드시 올 거예요.

2020년 출간된 『돈의 속성』은 400쇄를 향해 가고 있습니다. 현재는 스테디셀러로 완전히 자리매김한 상태입니다. 일본과 대만, 태국과 중국, 베트남에서도 출간됐습니다.

이렇게 많은 사람들이 아직도 '돈'에 관해 배우기를 주저하지 않는 이유는 무엇일까요?

그것은 우리가 어려서부터 돈에 관해 배울 기회를 가져 보지 못하고 성인이 되었기 때문입니다. 그런 이유로 '돈이란 대체 무엇인지' 알고 싶어 하는 사람들이 이렇게나 많은 것이겠지요.

나는 우리 청소년들이 어려서부터 경제관념을 배울 수 있는 기회가 더 많아지기를 희망합니다. 여러분의 자녀가 '돈'이라는 물질이 지닌 유용성에 관해, 나이를 넘어서는 지혜를 갖게 되기를 바랍니다.

2024년 4월의 어느 봄날

추천사

🖊 오늘날의 금융 환경은 빠르고 복잡하게 변화하고 있다. 때문에 자라나는 어린이들을 대상으로 하는 금융 교육이 필수적으로 요청되고 있다. 『어린이를 위한 돈의 속성』은 돈에 대한 어린이들의 건전한 관심을 이끌어 내며 잘 쓰고, 잘 모으고, 잘 불리는 단계별 읽기를 통해 경제와 금융에 대한 올바른 개념을 형성할 수 있도록 해준다. 나아가 중·고교 진학 시, 비문학 영역을 읽고 이해하는 데도 좋은 밑거름이 될 것이다.

– 박세현
2023 대한민국 경제교육대상(부총리상) 수상자,
한국경제교육학회 학교경제교육이사

🖊 부모 세대는 본인이 가진 제한적인 경험을 바탕으로 아이의 도전 정신과 실험정신을 제한한 채 뛰어난

성적을 바탕으로 한 전문직을 추천하려고 한다. 나 역시 그런 부모 중 한 사람이었다. 하지만 이 책을 읽으며 내 아이의 가능성을 너무 과소평가했다는 사실을 깨달았다. 아이가 마음을 먹으면 무엇을 할 수 있는지, 얼마나 큰 가능성이 있는지 부모는 알 수 없다.

이 책은 아이의 눈높이에서 경제적 사고와 이해를 넓혀 주며, 똑똑하게 소비하고 똑똑하게 절약하는 방법을 알려주는 도서다. 아이가 커서 경제적으로 여유로운 삶을 살기를 바라며, 체계적인 경제 습관을 길러주고 싶은 부모에게 이 책을 추천한다.

— 이은경
'슬기로운 초등생활' 대표, 자녀교육 전문가

『돈의 속성』속 문장에는 힘이 있다. 누구나 이해할 수 있는 쉬운 문장 안에, 철학이 녹아 있기 때문이다.

부자가 되기 위해서는 돈에 대한 바른 가치관이 무엇보다 중요하다. 이 가치관은 어릴 때 길러줘야 효과적이다. 그런 의미에서 『어린이를 위한 돈의 속성』은

교사 입장에서 보석 같은 존재다. 인격을 가진 돈은 자신을 소중히 여기는 사람에게 찾아간다고 한다. 돈이 좋아하는 아이로 키우고 싶다면, 아이가 부자 되기를 원한다면 이 책을 추천한다.

— **천상희**
2020 금융의 날 대통령 표창, 2024 경제교육대상
'대한상공회의소 회장상' 표창, 경제금융교육연구회 회장

이 책은 단순히 경제 개념을 소개하고 설명하는 책이 아니다. 아이들에게 전달하고자 하는 울림 있는 메시지가 담겨 있다.

이 책을 읽는 아이들은 어떤 변화를 맞이할까? 합리적인 소비를 통해 돈을 모으고 저축하는 방법을 알게 된다. 어린 나이부터 복리의 힘을 이해하고, 투자에 관심을 갖게 된다. 부를 이루는 데 필요한 건강한 태도, 습관에 대한 이야기를 듣게 된다.

더불어 이 책을 읽는 아이들이 어릴 때부터 '돈'에 눈을 뜨고, 금융과 경제를 '몸'으로 느끼고 생각하게 된

다면! 장기적으로 아이들에게 가장 중요한 이벤트인 입시는 물론 삶을 살아가는 태도 자체가 달라질 것이라 생각한다.

— 김지환
2021년 금융감독원 우수교사상 수상자,
화성 송화초등학교 '13살의 노후 대비 프로젝트' 담당

부자가 되고 싶고, 돈을 많이 벌고 싶다고 이야기하는 아이들에게 가장 먼저 알려줘야 할 것은 무엇일까? 바로 '돈의 속성'이다. 이 책 『어린이를 위한 돈의 속성』을 통해 돈이 무엇인지 알고, 돈을 잘 쓰고, 모으고, 불리는 방법을 차근차근 이해하여 많은 학생들이 올바른 경제 개념을 가진 사람으로 성장하기를 소망한다.

— 장원호
『초등이와 함께하는 경제 이야기』 저자

어른들에게 돈의 가치를 알려주며 큰 사랑을 받았던 『돈의 속성』이 이제는 어린이를 대상으로 나왔다. 『어린이를 위한 돈의 속성』은 아이들이 궁금해할 만한 돈에 관한 질문을 쌍둥이 자매를 통해 쉽게 설명하고 있다.

특히 돈을 소중한 친구에 비유함으로써, 아이들이 돈과 건강한 관계를 맺도록 한다. 이 책을 통해 많은 학생들이 기본적인 경제 개념을 이해하고 인생에서 중요한 교훈을 얻길 바란다.

– 이조은
『꿀자와 시호의 우당탕탕 창업 이야기』 저자

'시간'의 무기를 어릴 때부터 제대로 활용하도록 알려주는 경제 교육 지침서! 이 책은 돈을 다루는 마음가짐을 비롯한 삶에 대한 태도, 투자 원칙까지 한 번에 쉽게 읽힌다.

때문에 비교지옥에 빠진 대한민국의 학생들과 아이를 키우는 부모에게 적극 추천하고 싶은 책이다.

『어린이를 위한 돈의 속성』을 읽는다면 단단한 마음가짐을 갖게 될 것이다.

― 고아림
서울 상원초등학교 교사

몇 년 전, 초등학생이 용돈으로 주식을 사서 돈을 많이 벌었다는 뉴스가 나오면서 화제가 되었다. 때마침 나는 학교에서 경제 교육을 하고 있는 상황이었다. 일부 학부모들은 '우리 아이도 주식 공부를 시켜야 하나요?'라고 물었다.

아이들에게 경제 교육은 꼭 필요하다. 자본주의 사회를 살아가는 학생들에게 '돈'은 매우 중요하기 때문이다. 그렇다면 경제 교육은 투자 공부인가?

아니라고 생각한다. 지금 우리 학생들에게 필요한 것은 '돈'의 속성을 아는 것이다. 초등학생 자녀에게 올바른 경제관념과 폭넓은 경제 시야를 갖게 하고 싶다면 『어린이를 위한 돈의 속성』을 추천한다.

― 이상진
파주 한빛초등학교 교사

🖊 이 책은 초등학생 아이들이 경제와 금융에 대해 쉽게 이해할 수 있도록 설명한다. 경제가 마냥 어렵게 느껴지는 아이들에게 추천할 만한 경제 도서로, 기본적인 경제 개념을 재미있게 배울 수 있다.

― 구본미
서울 선곡초등학교 교사

🖊 『어린이를 위한 돈의 속성』은 아이들에게 경제적 사고와 자립심을 길러주는 첫걸음이 될 만한 중요한 도서다. 이 책은 아이들이 돈의 가치를 이해하고, 더 나아가 경제적으로 건강한 습관을 형성하는 데 도움을 줄 수 있다.

― 김유정
김포 고창초등학교 교사

🖊 『어린이를 위한 돈의 속성』은 돈의 중요성을 이해하고, 경제적 기본기를 쌓을 수 있는 책이다. 또한 일상에서 만나는 다양한 경제 활동을 통해 배운 지식을

실제로 적용해 볼 수 있다. 저축, 투자 등 경제적 자립을 위한 기초도 다질 수 있어, 아이들이 미래에 대해 준비할 수 있게 한다.

— 이예지
고양 한류초등학교 교사

『어린이를 위한 돈의 속성』은 단순한 경제 교육서가 아니라, 아이들이 경제적으로 건강한 생각을 가질 수 있도록 돕는 경제 교육 필독서이다. 아이들이 이 책을 읽으며, 경제에 대한 이해를 넓히고, 미래를 더 긍정적으로 꿈꿀 수 있기를 바란다.

— 이창희
고양 주엽초등학교 교사

목차

들어가는 말

자식을 부자로 이끄는 부모가 되기를 바라며! ★ 004

추천사 ★ 012

〈1장〉 부자가 되려면?

1. 나도 부자가 될래요 ★ 026
2. 부자 되기, 결심이 중요해요 ★ 030
3. 통장이 생겼어요 ★ 036
4. 통장에 직접 입금해요 ★ 040
5. 계획 없이 돈을 쓴다고요? ★ 044
6. 돈도 소중한 친구처럼 대해 주세요 ★ 049
7. 핑계는 이제 그만! ★ 053
8. 책상 서랍 속 예쁜 쓰레기는 왜 생길까요? ★ 057

⟨2장⟩ 돈! 너는 누구니?

1. 부자의 기준은 뭘까요? ★ 066
2. 돈도 일을 해요 ★ 070
3. 돈은 어떻게 변해 왔을까요? ★ 074
4. 나도 카드 쓰면 안 되나요? ★ 078
5. 신용카드는 왜 신용카드일까요? ★ 082
6. 해외에서 쓰는 돈이 따로 있나요? ★ 086

⟨3장⟩ 돈! 제대로 쓰기

1. 용돈이 늘 부족한가요? ★ 094
2. 한번 써버린 돈은 돌아오지 않아요 ★ 099

3. 티끌 모아 태산 ★ 104
4. 불편해도 싸게 사야 할까요? ★ 109
5. 아나바다가 뭐예요? ★ 114
6. 더 행복하게 부자 되기 ★ 118

<4장> 돈! 잘 모으기

1. 돈이 돈을 번다고요? ★ 124
2. 들어온 돈과 나간 돈 ★ 130
3. 저축 먼저 할래요 ★ 134
4. 저금통보다 은행! ★ 138
5. 부자가 될 준비운동 ★ 142

<5장>
돈! 차근차근 불리기

1. 복리와 시간이 힘을 합치면? ★ 150
2. 투자가 뭐예요? ★ 153
3. 나도 사업가가 될 수 있나요? ★ 158
4. 어떤 회사의 주인이 될까요? ★ 162
5. 주식 투자, 일찍 시작해 봐요 ★ 166

1장. 부자가 되려면?

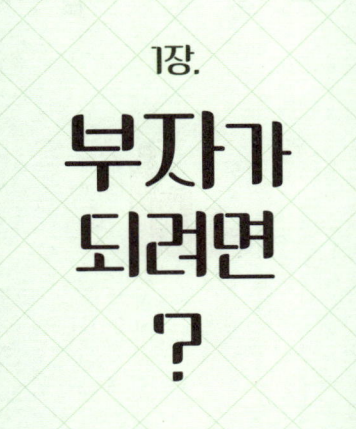

⟨ 1 ⟩
나도 부자가 될래요

"우리 엄마 너무해!"

"우리 아빠도 너무해. 칫!"

원영이와 이서는 놀이터 그네에 앉아서 부모님 흉을 보고 있어요. 좋아하는 아이돌 콘서트 티켓을 사달라고 했다가 혼만 났거든요.

"친구들은 자주 잘만 가던데, 왜 우리는 안 된다는 거야?"

이서의 뾰로통한 말에 원영이도 맞장구를 쳤

어요.

"맞아, 정말 짜증 나. 오빠들 얼마나 멋있을까. 노래랑 춤도 연습했는데!"

시무룩해 있던 이서가 갑자기 벌떡 일어났어요.

"우리가 표 사서 가자. 친구들이랑 놀러 간다고 하면 돼. 지금 돈 얼마나 있어?"

"지갑에 오천 원, 그리고 저금통에 사오만 원 정도? 너는 얼마나 있는데? 얼마면 될까?"

"나도 그 정도는 있을걸?"

둘은 콘서트에 다녀오려면 얼마나 필요한지 핸드폰을 꺼내 계산해 봤어요.

그리고 동시에 한숨을 쉬었어요. 세상에, 콘서트 티켓이 15만 원이나 하지 뭐예요. 응원봉, 차비, 저녁밥까지 한 사람당 20만 원이 필요해요.

둘은 그만 풀이 죽고 말았어요. 둘이 가진 돈 다 합해도 어림없어요.

"우리도 돈이 많았으면 좋겠다."

"맞아. 우리 나중에 꼭 부자가 되자. 우리 돈으로 하고 싶은 것 다 하게."

"좋아, 약속! 나는 부자가 되면 어렵고 힘든 사람들을 도와줄 거야."

둘은 손가락을 걸고 약속했어요.

슬슬 배가 고프고 날도 어두워졌어요. 둘은 터덜터덜 집에 돌아왔죠.

그런데 현관문을 열자마자 맛있는 치킨 냄새가 났어요. 그러자 원영이와 이서는 기분이 좋아졌어요.

맞아요, 둘은 같은 집에 살아요. 쌍둥이거든요. 원영이가 3분 먼저 태어났어요.

모든 부자가 행복한 것은 아니에요. 하지만 부자가 되면 많은 일을 할 수 있답니다.

⟨ 2 ⟩
부자 되기, 결심이 중요해요

식탁에서 맛있게 치킨을 먹으며 아빠가 말했어요.

"엄마랑 아빠가 너희를 부자로 만들어 줄 좋은 책을 읽었어. 이 방법을 예전부터 알았다면, 엄마랑 아빠도 부자가 됐을 거야. 앞으로 너희들에게 그 방법을 알려주기로 했어, 천천히."

"대박! 우리도 오늘 부자가 되기로 손가락 걸고 약속했어요."

그러자 듣고 있던 엄마가 깜짝 놀라며 말했어요.

"진짜? 신기하구나. 너희들이 벌써 부자가 되고 싶다니. 왜 그런 생각을 했을까?"

"엄마가 콘서트 티켓을 안 사줬잖아요! 우리는 돈 없어서 티켓 못 사는데! 꼭 부자 돼서 하고 싶은 거 다 하려고요."

이서가 화난 목소리로 말하자, 엄마와 아빠는 큰 소리로 웃었어요.

"맞아, 속상했지? 그러면 이건 어때? 콘서트에 쓸 돈을 너희들에게 줄게. 통장에 넣어서."

"네? 우리 통장 없는데?"

"지금은 없지. 내일 낮에 다 같이 은행에 다녀오자. 너희는 어려서 부모님과 같이 가야 통장을 만들어 주거든."

"아빠, 그 돈으로 콘서트 다녀오고, 돈은 나

중에 모아서 부자 되면 안 돼요? 우린 어차피 직업이 없어서 돈도 못 버는데. 돈은 어른들이 버는 거잖아요."

그러자 아빠가 말했죠.

"엄마랑 아빠가 이 책에서 배운 게 있단다. 너희들이 지금부터 시작해야 부자가 될 수 있다는 거! 너희들 나이 때부터 돈에 관심을 가져야 커서 큰 부자가 될 수 있어."

"아빠, 우리 나이 잊었어요? 이제 겨우 열두 살이라고요. 초등학교 5학년! 부자 되는 일을 어떻게 해요?"

"부자 되기는 어른 돼서 시작하면 늦어. 부자들은 대부분 어려서부터 돈에 관심이 많았대."

가만히 듣고 있던 원영이가 물었어요.

"아빠, 그럼 부자가 되려면 뭐부터 시작해야 하는데요?"

"좋은 질문이다. 자, 퀴즈를 낼 테니 맞춰 봐. 다음 보기 중에서 부자가 되기 위해 가장 먼저 필요한 게 뭘까?

1번, 용돈을 많이 받아야 한다!

2번, 공부를 잘해야 한다!

3번, 용돈을 모아야 한다!

4번, 부자가 되겠다고 결심해야 한다!"

아빠 말이 떨어지자마자 이서가 냉큼 대답했어요.

"1번! 돈이 많아야 모아서 부자가 되니까 용돈을 많이 줘야죠. 우리는 돈을 못 버니까!"

원영이는 생각이 조금 달랐죠.

"3번! 용돈을 모은다, 아니에요? 용돈을 받아도 다 써버리면 하나도 안 남잖아요."

아빠는 그럴 줄 알았다는 듯 고개를 끄덕이며 말했죠.

"네 가지 모두 필요해. 하지만 아빠 질문이 뭐였지? '부자가 되기 위해 가장 먼저 필요한 것'이지?

그렇다면 답은 4번이야. '나는 부자가 될 거야.'라고 먼저 결심부터 해야 해. 단단히 결심해야 힘들어도 끝까지 해낼 수 있거든."

되고 싶은 게 있다면 제일 먼저 "○○○가 되고 싶어."라고 마음을 굳게 먹어야 해요. 되고 싶은 게 뭐든지 간에요.

나는 부자가 될 수 있다고 믿어!

⟨ 3 ⟩
통장이 생겼어요

다음 날, 원영이와 이서는 부모님과 집 근처 은행에 갔어요. 엄마가 예쁜 도장을 선물로 주셨고, 그 도장과 부모님 신분증, 관련 서류들로 통장도 만들었답니다.

은행에서 오래 기다렸기 때문에, 둘은 통장을 살펴볼 틈도 없이 바로 학원에 가야 했어요. 통장을 자세히 본 것은 저녁을 먹고 모두 거실에 모였을 때였어요.

아빠가 통장을 가지고 와서 한번 펴보라고 했죠. 통장을 본 원영이랑 이서는 동시에 눈이 휘둥그레졌어요.

통장에는 12 옆에 동그라미가 다섯 개, 자그마치 120만 원이라고 찍혀 있었거든요.

엄마가 빙그레 웃으며 설명했어요.

"지금까지 너희들 세뱃돈 받을 때마다 엄마가 5만 원씩 달라고 했지? 그 돈이랑 너희들 입학할 때 할머니랑 큰아빠가 가방 사라고 주신 돈이야.

너희들 돈을 지금까지 엄마 아빠가 맡아둔 거고, 이제 돌려주는 거야. 콘서트 안 보고 아낀 돈이랑."

누가 쌍둥이 아니랄까 봐, 원영이와 이서가 동시에 말했어요.

"와, 감동! 세뱃돈 뺏긴 줄 알았는데."
그때 아빠가 박수를 짝짝짝 쳤어요.

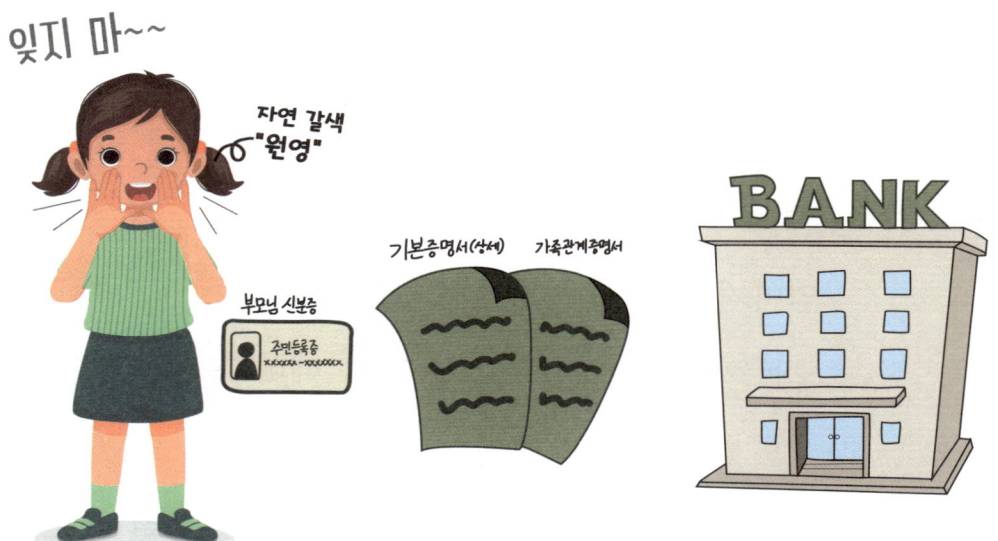

"자, 이제부터는 한 달에 7만 원씩 용돈을 줄 거야. 친구들이랑 놀러 가거나 군것질, 학용품 같은 건 용돈으로 사.

그 돈에서 아껴 쓰고 저금해 봐. 다 써버리면 저금할 돈이 없겠지? 각자 알아서 하고, 궁금한 것은 언제든지 물어봐."

그리고 만 원짜리 7장씩을 주셨어요.

"이제 너희들도 은행에 가는 거야. 오늘처럼 번호표 뽑고 기다리지 않아도 돼. 은행 입구에 현금 자동 입출금기가 있지? 거기에 통장 넣고 돈을 넣거나 빼면 돼.

넣을 때는 '입금', 뺄 때는 '출금'이야. 한자로 '입(入)'은 들어간다는 뜻이고, '출(出)'은 나간다는 뜻이거든.

자, 이제 너희들도 돈을 모을 수 있어. 잘해 봐, 파이팅!"

일단 은행 통장부터 만들어 봐요. 저금은 저금통이 아니라 통장에 하는 거예요.

〈 4 〉
통장에 직접 입금해요

　원영이는 방으로 돌아와서 통장을 찬찬히 살펴봤어요. 신기하고 기분 좋았죠.
　그리고 이번 달에 꼭 사야 할 것을 공책에 적어봤더니, 4만 원이면 될 것 같았어요. 그래서 매달 4만 원만 쓰고 3만 원은 저금하기로 했죠.
　나중에 부자가 되려면 돈을 모아야죠. 통장에 있는 120만 원과 앞으로 모을 금액을 생각하니까 벌써 부자가 된 기분이에요.

다음 날 원영이는 3만 원과 통장을 가지고 이서 방으로 갔어요.

"이서야, 뭐 해? 은행에 저금하러 가자!"

이서는 그 말을 듣고 깜짝 놀랐어요.

"저금을 벌써 해? 나중에 쓸 돈이 부족하면 귀찮게 은행에 가야 하잖아.

나는 쓰고 남은 돈을 저금할 거야. 대신 이번에는 같이 가 줄게."

원영이는 이서와 은행에 가서 자신의 통장에 3만 원을 넣었어요. 현금 자동 입출금기 앞에서 고개를 갸웃거리며 입금 버튼을 누르고, 통장을 넣고, 돈을 넣었죠.

그러자 통장에 3만 원이 찍혀 나왔어요. 이제 잔액이 123만 원이 되었죠. 둘은 마주 보면서 웃었어요.

여러분, 되고 싶은 게 있으면 'ㅇㅇㅇ을 꼭 하겠어!' 하고 가장 먼저 결심부터 해야 해요. 원영이와 이서 아빠가 말한 것처럼요.

다음에 해야 할 일은 뭘까요?

바로 '그렇게 될 수 있는 행동'을 반드시 하는 거예요. '돈을 모아서 부자가 되어야지!' 결심하고 곧바로 저금한 원영이처럼요.

결심했다면 그걸 이룰 만한 행동도 해야 해요. 결심과 행동은 성공을 만드는 짝꿍이거든요.

〈 5 〉
계획 없이
돈을 쓴다고요?

 자, 원영이는 용돈을 받자마자 저금을 했어요. 반면에 이서는 일단 쓰고 남은 돈을 저금하기로 했어요.
 이제 두 사람이 가진 돈의 액수는 어떻게 변할까요?

 그로부터 두 달이 지났어요. 원영이와 이서는 며칠 전에 벌써 세 번째 용돈도 받았죠.

학교에서 돌아오는 길에 두 사람은 서점에 들렀어요. 한쪽에 학용품과 액세서리를 파는 코너가 있거든요.

원영이는 연필 세 자루와 공책 다섯 권, 지우개와 샤프펜슬을 샀어요. 이서는 복슬복슬한 분홍 털이 달린 고양이 머리띠 앞에서 한참 동안 서 있었죠.

"왜 그래? 공책이랑 연필 안 사?"

원영이가 다가와서 묻자 이서가 말했어요.

"이 머리띠, 너무 귀엽지 않아? 한번 써 볼게. 어때, 나한테 정말 잘 어울리지? 이쁘다!"

"가격표 봐. 1만 2,000원이나 하는데? 그리고 집에 머리띠 여러 개 있잖아."

"고양이 모양은 없단 말이야. 요기 뾰족한 분홍 귀 봐봐, 나는 절대 포기 못 해."

이서는 기어이 고양이 머리띠를 손에 들고 학용품을 샀어요.

"못 말려, 정말!"

원영이는 고개를 설레설레 흔들었어요.

원영이는 집에 가방을 놓아두고 은행에 갔어요. 3만 원을 입금하자 129만 원이 되었죠. 그

런데 놀랍게도 '예금 이자'라는 글자와 함께 210원이 들어와 있었어요.

원영이는 집에 오자마자 이서 방으로 가서 통장을 보여줬어요.

"이거 봐, 이자가 들어왔어. 너도?"

"나는 그대로야. 돈이 안 남아서 저금을 못했어."

"그래도 통장에 돈이 있으니까 이자는 있을 거야. 가서 확인해 보자."

둘은 한달음에 은행으로 달려가서 이서 통장을 확인했어요. 195원이 예금 이자로 들어와 있었죠.

이서가 웃으면서 말했어요.

"저축을 그렇게 열심히 해도 이자가 겨우 15원 차이라고?"

사실은 이서도 저금을 하고 싶었어요.

그런데 신기하죠? 다음 달에도, 그다음 달에도 이서의 용돈은 남지 않았어요. 오히려 부족했죠.

이서는 속이 상했어요. 어떻게 하면 돈이 남게 할 수 있죠?

부자가 되고 싶다면 저축 먼저 해야 해요. 돈이 생기면 써버리는 습관은 쉽게 고쳐지지 않거든요.

⟨ 6 ⟩
돈도 소중한 친구처럼 대해 주세요

어느 날이었어요.

밖에 나갔다 온 이서가 의기양양하게 복권 한 장을 내밀었어요.

"기대해. 당첨되면 단번에 부자 될 수 있어!"

"어? 우린 아직 어려서 복권 못 사는데, 어디서 났어?"

"친구 집에 놀러 갔다가 오는 길에 주웠어. 이번 주말까지만 기다려봐. 당첨되면 너한테도 나눠줄게."

이서는 토요일까지 콧노래를 부르며 기분이 좋았어요. 하지만 밤이 되자 핸드폰으로 결과를 확인하고 화가 났어요.

"에이, 속상해. 아이돌 꿈 꿔서 당첨될 줄 알았는데!"

"이서 왜 저렇게 화가 났니?"
엄마의 질문에 원영이가 사실대로 고백하자, 엄마가 이서를 불렀어요.

"실망했니? 하지만 길게 보면 오히려 잘된 거야. 돈을 쉽게 벌면 흥청망청 쓰게 돼. 적은 돈부터 모아서 50세쯤 부자 되는 게 좋은 거야.

그런 부자는 망하지 않고 오래 간다? 알뜰살뜰 아껴서 저금하는 습관을 갖고 있으니까. 그리고 절대로 다시 가난해지지 않아."

"치, 됐으면 엄마도 좋아했을 거면서. 갑자기 큰돈 생겨도 아껴 쓰면 되잖아요."

이서는 여전히 실망한 목소리였어요.

"이서, 오늘 큰일 날 뻔했다. 도박이나 복권으로 생긴 큰돈은 사람 성격을 나쁘게 만들어. 돈은 자기를 정정당당하게 벌고 아껴주는 사람을 좋아한대."

"거짓말! 돈이 어떻게 사람을 좋아해요? 돈이 뭐 사람이에요, 강아지예요?"

이서는 방문을 닫고 들어가 버렸어요.

두 사람의 이야기를 듣고, 원영이는 돈에 관해 곰곰이 생각해 봤어요.

엄마 말이 맞는 것 같았죠. 우리도 아껴주고 소중하게 대해주는 친구랑 오래 사귀고 싶잖아요.

돈도 마찬가지겠죠. 도박하는 사람들은 돈을 버는 것 같아도 도박을 끊지 못해서 결국 망하잖아요. 조폭들도 남의 돈을 쉽게 빼앗지만, 나중에 돈 때문에 서로 싸우고요.

이런 사람들은 돈 때문에 성격이 나빠진 것 아니겠어요? 원영이는 앞으로 돈을 소중한 친구처럼 대해야겠다고 생각했어요.

돈을 좋은 친구처럼 소중히 여기고 아껴주세요. 그러면 돈도 친구가 되려고 다가온답니다.

⟨ 7 ⟩
핑계는
이제 그만!

수행평가를 본 어느 날이었어요.

이서가 현관문을 열자마자 엄마를 다급하게 불렀어요.

"엄마, 엄마! 얼른 약 좀 발라 주세요. 집에 오는 길에 넘어졌는데, 너무 아파요."

이서는 넘어지면서 무릎을 다쳤고, 상처에서는 피가 흐르고 있었어요.

"난 왜 항상 운이 나빠요? 원영이랑 나란히

오고 있었는데 나만 넘어졌다고요."

엄마가 소독약을 발라주며 이서를 달랬어요.

"같은 날 같은 시간에 태어났는데 너만 운이 나쁠 리 있어?"

"정말 나만 운이 나쁘다고요. 원영이랑 나랑 똑같이 공부했는데, 원영이가 공부한 것만 시험에 나왔다니까요.

며칠 전에도 친구들 셋이서 함께 수다를 떨었는데, 나만 선생님께 혼났어요. 이게 운이 나쁜 거 아니면 뭐예요?"

"엄마가 볼 때는 원영이가 공부를 더 열심히 하는 것 같던데?

어제도 엄마가 과일 가지고 들어가니까 너는 핸드폰 들여다보고 있었잖아."

"그게 운이 나쁘다는 증거라고요. 내내 공부하다가 메시지가 와서 잠깐 핸드폰 봤는데 엄마가 딱, 들어온 거예요. 난 늘 이래."

그런데 여러분, 정말 이서만 항상 운이 나쁜 걸까요?

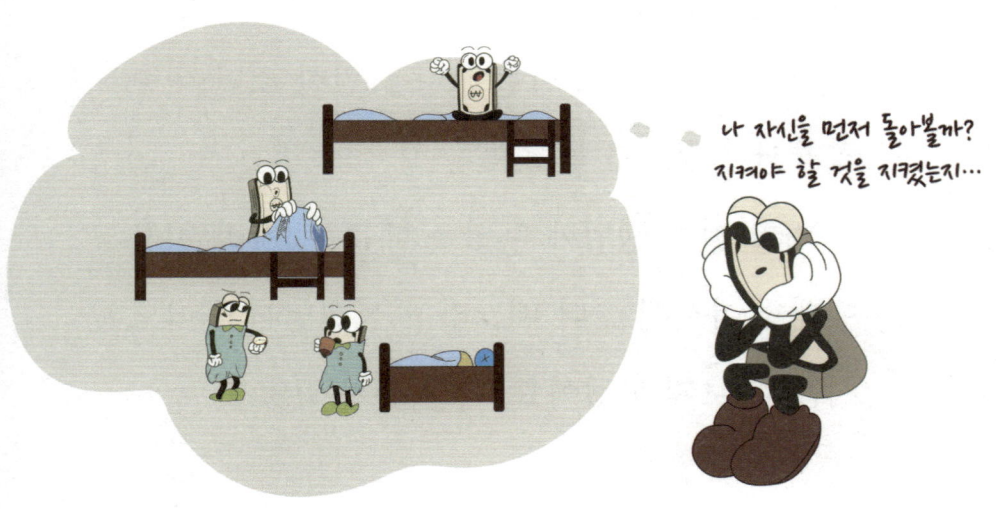

남들보다 운이 나쁘다고 생각한다면, 지금까지 자신의 행동을 돌이켜봐야 해요.

공부 잘하는 친구들은 시험 볼 때만 공부하지 않아요. 매일 예습과 복습을 해요. 우리가 공부하는 이유는 배운 것을 알기 위해서니까요.

　길을 걸을 때도 한눈팔지 않고, 선생님이 보든지 안 보든지, 규칙을 지켜야 해요.

　사실, 이서는 핸드폰을 보면서 길을 걸었어요. 공부할 때에도 시험에 나올 만한 것만 대충 골라서 건성으로 했고요.

　며칠 전 선생님께 혼났을 때는, 뒷자리 친구에게 돌아서서 수다 떠느라고 선생님이 들어오시는 걸 보지 못했어요. 다 이유가 있었죠.

운을 탓하기 전에 주변 상황을 잘 살피고, 서두르지 말고, 하는 일에 집중해요. 내가 어떻게 하느냐에 따라 결과는 달라진답니다.

⟨ 8 ⟩
책상 서랍 속 예쁜 쓰레기는 왜 생길까요?

날씨 좋고 기분 좋은 일요일 아침이었어요.

엄마와 아빠가 자매를 부르더니, 스티커와 비닐장갑, 돗자리와 쓰레기봉투를 나눠주셨어요.

"자, 책상 대청소를 하자. 돗자리를 펼치고, 책상 서랍의 물건을 전부 꺼내는 거야. 필요한 물건은 오른쪽에, 필요 없는 물건은 왼쪽에 두렴."

엄마에 이어 아빠도 덧붙여 말했어요.

"왼쪽에 있는 것 중에서 다른 사람이 쓸 수 있는 물건들은 거실에 내놓으면 된단다. 나머지는 눈 딱 감고 쓰레기봉투에 담아서 다용도실에 갖다 놓아 줄래?"

"오른쪽에 있는 물건들은요?"

원영이와 이서가 동시에 물었어요.

"그건 필요한 물건들이니까 원래대로 서랍에 정리하자. 가능하면 종류별로 한 서랍에 넣어 볼까?"

엄마의 대답이 끝나자, 아빠가 기운을 북돋아 주었어요.

"너희는 각자의 방, 엄마는 안방, 아빠는 부엌을 맡을게. 끝나면 맛있는 점심 사줄 거야. 자, 시작해 보자!"

이서는 책상 안의 물건을 모두 꺼내기 시작했어요. 그리고 깜짝 놀라고 말았어요.

어떻게 이렇게 많은 물건이 서랍 속에 들어 있을 수 있죠? 상상도 못 했어요. 안 쓰고 있는지도 몰랐던 것들조차 많았어요.

원영이도 마찬가지였어요. 평소 책상 정리를 잘한다고 생각했는데, 서랍에서 예상보다 많은 물건이 나왔거든요.

원영이와 이서는 송글송글 맺힌 땀을 닦으며 물건을 정리했어요.

힘들었지만 서랍 정리는 생각보다 재미있었어요. 깔끔하게 정리하고 나니 기분이 너무 좋았거든요.

서랍 속 공간도 훨씬 넓어졌고요. 이젠 물건 찾느라 서랍을 뒤지지 않아도 되겠어요.

거실로 가져온 물건 중에는 쓸 만한 것이 꽤 있었어요. 부엌에서는 믹서기, 안방에서는 낡은 이불이 몇 채 나왔어요.

"자, 중고 마켓에 팔지 않을 물건들은 기부할 곳을 찾아보자."

"누가 남이 쓰던 물건을 써요?"

이서의 말에 엄마가 대답했어요.

"낡은 이불은 유기견 보호소에 기부할 거야. 다른 물건들도 필요한 데가 있겠지."

"우리 딸들, 서랍 정리한 소감이 어때?"

"기분 좋았어요. 옷장이랑 책꽂이도 정리해 버릴까 싶을 정도로요."

이서의 대답에 엄마 아빠가 환하게 웃었어요.

"너희들이 산 물건 중에 쓰지 않는 것이 얼마나 많은지 봤지? 돈을 모으려면 꼭 필요한 것만 사는 습관을 들여야 해."

예뻐서 샀지만 안 쓰는 물건은 '예쁜 쓰레기'에 지나지 않아요. 물건을 살 때 내게 꼭 필요한 것인지, 다시 한번 생각해 봐요.

2장.
돈! 너는 누구니?

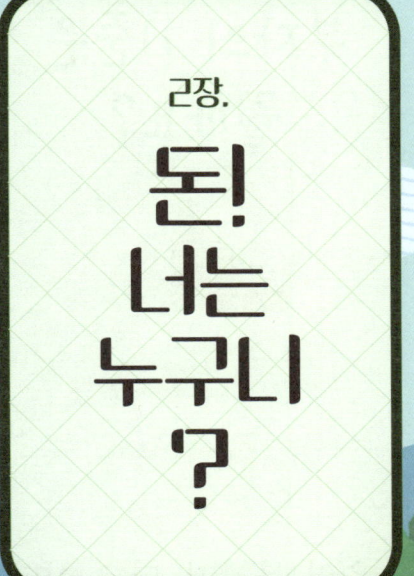

⟨ 1 ⟩
부자의 기준은 뭘까요?

"원영아, 우리 부자가 되고 싶다고 했잖아. 근데 부자가 뭘까?"

방과 후에 집으로 오면서 이서가 물었어요.

"갑자기 그건 왜?"

"오늘 서현이 엄마가 외제차를 타고 학교에 오셨어. 그럼 서현이네는 부자일까?"

"나도 잘 모르겠어. 비싼 차를 타거나 월급이 많으면 부자일까? 좋은 집에 살면 부자일까?"

두 사람은 집에 들어서자마자 엄마부터 불렀어요.

"엄마! 부자가 뭐예요? 생각할수록 잘 모르겠어요."

"누가 가난한지 부잔지 알고 싶을 때, 뭘 봐야 해요?"

간식을 준비하고 있던 엄마가 웃으며 말했어요.

"집과 차, 월급만 가지고 따질 수는 없어. 좋은 집에 살면서 빚이 많은 사람도 있고, 차가 없어도 현금과 주식을 많이 가진 사람도 있거든. 월급을 천만 원 넘게 받아도 씀씀이가 헤프면 통장이 텅텅 비어 있을 거고."

"그럼 부자와 가난한 사람은 겉만 봐서는 알 수가 없네요?"

"그렇지. 돈은 집이나 땅, 주식이나 금 같은

것으로 바꿀 수 있어서 겉으로 표시가 잘 안 나. 명품이랑 고급 차로 꾸미고 다녀도 빈털터리일 수도 있거든.

　진짜 부자들은 겉모습에 신경 쓰지 않는단다. 그러니까 겉모습으로 사람을 판단하면 안 돼."

이서가 실망한 듯이 말했어요.

"치, 그럼 부자가 돼도 별로 재미없네. 난 예쁘게 꾸미는 것이 좋은데."

"아니지. 부자가 되면 얼마든지 예쁘게 꾸밀 수 있어. 중요하지 않다고 생각하니까 안 하는 거지.

대신 돈이 없으면 하고 싶은데 못 하는 게 많아. 지난번에 너희들도 콘서트에 못 갔었잖아."

엄마는 원영이와 이서를 보며 웃었답니다.

사람은 겉모습만 보고서 판단하면 안 돼요.
여러분 스스로 명품이 되어 보세요.

⟨ 2 ⟩
돈도 일을 해요

어느 날 저녁이었어요.

원영이와 이서는 아빠의 사진첩을 보다가 신기한 걸 발견했어요. 돈처럼 생긴 것들이 있는데, 처음 보는 모양이었거든요.

궁금한 걸 못 참는 이서가 물었어요.

"아빠! 이건 뭐예요? 꼭 돈같이 생겼어요."

"돈 맞아. 우리나라 옛날 돈이란다."

"진짜 신기해요. 오백 원, 백 원, 오십 전? 백

원짜리, 오백 원짜리 종이돈도 있었어요?

오십 전은 뭐예요? 이거 가지고 햄버거 사 먹을 수 있어요?"

"우리나라 돈인 건 확실한데, 뭘 살 수는 없어. 요즘은 사용하지 않는 옛날 돈이니까."

"우와, 신기하다! 돈도 모양이 자꾸 바뀌는 거예요?"

"응. 돈의 모양은 많이 달라졌어. 하지만 하는 일은 별로 변하지 않았지."

"돈도 일을 해요? 무슨 일을요?"

"많지. 우선 무언가를 사는 데 써. 아침부터 저녁까지 우리가 쓰는 물건들, 다 돈으로 산 것이잖아.

한번 맞춰 보렴. 돈이 또 무슨 일을 하는 것 같니?"

고개를 갸웃거리던 원영이가 대답했어요.

"물건 값이 다 다르니까, 어느 게 더 중요한지 판단하는 기준이 되는 거 아닐까요?"

"맞아! 돈은 가치를 나타내는 수단이야. 물건에 값을 매기거나 가치를 비교할 수 있게 해주지. 예를 들어서 유명한 화가의 그림은 대단히 비싼 값에 팔리지? 하지만 같은 작품이라도 프린트한 그림은 싸고. 브랜드 운동화는 비싸도 아닌 건 싸고.

보통은 비싼 게 더 가치 있어. 이것 말고 돈이 또 무슨 일을 할 것 같아?"

지기 싫다는 듯 이서도 냉큼 대답했어요.

"오래 보관할 수 있게 해줘요. 내가 좋아하는 딸기를 잔뜩 사놓고 먹으면 썩어버리겠지만, 돈으로 가지고 있으면 또 사먹을 수 있으니까요."

"오호, 어려운 걸 맞혔구나. 돈은 가치를 저장할 수 있게 해 줘.

너희들이 과수원을 한다고 생각해 봐. 과일을 따서 그냥 두면 모두 썩어 버리겠지.

하지만 과일을 팔아서 돈으로 가지고 있으면 썩을 걱정이 없어. 돈은 오래 가지고 있어도 썩지 않고, 은행에 넣어두면 이자까지 주니까."

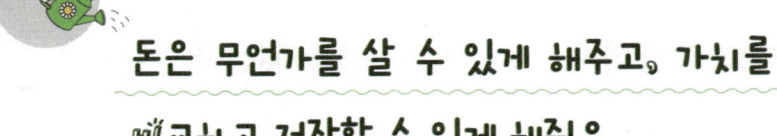

돈은 무언가를 살 수 있게 해주고, 가치를 비교하고 저장할 수 있게 해줘요.

⟨ 3 ⟩
돈은 어떻게 변해 왔을까요?

"아빠, 옛날 돈으로는 지금 물건을 살 수 없다고 했잖아요. 그런 돈도 없을 때는 물건을 어떻게 샀어요?"

"돈의 역사까지 궁금해졌구나? 돈이 없었던 옛날, 사람들은 필요한 게 있으면 서로 바꿨어.

물건과 물건을 바꾸는 거라서 '물물교환'이라고 해. 처음에는 주변 사람들끼리 곡식이나 가축 등을 바꿨지."

"그럴 때 서로 생각이 다르면 곤란했겠다."

"맞아. 쌀 한 통이랑 돼지 한 마리를 바꾸고 싶은데, 돼지 주인은 쌀을 더 달라고 하는 거지. 그래서 곤란할 때가 많았어. 필요한 걸 가진 사람을 찾기도 어렵고."

"멀리 있는 사람이랑은 바꾸기 어렵겠네요. 차도 없었을 텐데."

"맞아. 나중에는 무리를 지어 멀리 다니면서 장사를 하는 상인들이 생겼어.

보석, 향료, 소금, 곡식 등 각 지역의 특산물들을 가지고 다니며 팔았어. 그리고 편하게 교환하려고 쌀, 소금, 조개껍데기 같은 걸 돈처럼 사용하기 시작했지. 물건을 화폐처럼 사용했기 때문에 '물품화폐'라고 해."

"비가 와서 소금이 녹거나 쌀이 젖으면 어떡해요?"

원영이가 걱정했어요.

"그래서 나온 게 동전이야. 구리나 은, 니켈 등 금속을 섞어서 동그랗게 만든 거지."

"요즘도 쓰는 동전 말이죠? 되게 무거웠겠다. 돼지저금통만 들어도 꽤 무거운데."

"맞아. 상하지는 않았는데 많이 들고 다니기 힘들었어. 100만 원짜리 물건을 사려고 100원짜리 동전 만 개를 들고 간다고 생각해 봐. 무겁겠지?"

"와! 상상만 해도 끔찍해요."

이서가 고개를 절레절레 흔들었어요.

"그래서 나온 게 종이돈이야, 지폐! 그 지폐도 자꾸 변하면서 지금까지 왔고."

"옛날 돈 덕분에 오늘 돈 공부 많이 했어요. 고마워요, 아빠."

돈 이야기를 듣다 보니, 어느덧 잘 시간이 되었어요. 그날 밤, 둘은 무거운 동전을 잔뜩 들고 여기저기 장사하러 다니는 꿈을 꿨어요.

돈은 물물교환에서 조개껍데기와 같은 물품 화폐로, 동전과 지폐로 변해 왔어요.

⟨ 4 ⟩
나도 카드 쓰면 안 되나요?

어느 날, 친구들과 놀고 온 이서가 엄마를 졸랐어요.

"엄마, 나도 카드 만들어 줘요. 오늘 서현이 보니까 아이스크림 사면서 카드 내던데요?"

옆에서 책을 읽던 원영이도 깜짝 놀랐어요.

"카드는 어른들만 쓸 수 있지 않아? 엄마 카드 가져와서 쓴 거겠지, 엄카!"

"아니야. 내가 물어봤더니, 자기 거라고 했어."

옆에서 듣던 엄마가 고개를 끄덕이며 말했어요.

"학생들도 쓸 수 있는 카드가 있어. 하지만 어른들이 쓰는 신용카드하고는 달라."

"어떻게 다른데요?"

원영이의 물음에 엄마는 이렇게 대답했어요.

"신용카드는 돈을 갚을 능력이 있는 사람에게만 발급해 주기 때문에, 직업이 없는 너희들은 만들 수 없어.

하지만 통장에 있는 잔액 안에서만 쓸 수 있고, 그 한도가 정해져 있는 체크카드는 만들 수 있지. 원영이도 카드 갖고 싶니?"

"네! 현금보다 더 편할 것 같아요.

은행에서 입출금도 할 수 있죠? 전 은행에 자주 가거든요."

엄마는 빙그레 미소를 지었어요.

"당연히 할 수 있지. 너희들 통장이랑 연결된 체크카드를 만들면 되겠구나."

"아싸! 기분 좋아. 울 엄마 최고!"

기분 좋아진 이서가 팔짝팔짝 뛰었어요.

다음 날, 엄마는 은행에 함께 가서 체크카드를 만들어 주셨어요. 원영이와 이서는 둘 다 무척 기분이 좋았어요.

원영이는 용돈을 입금할 때만 체크카드를 쓰기로 했어요. 반면에 이서는 용돈을 모두 통장에 넣고, 체크카드만 들고 다니기로 했죠.

좋아하는 두 사람을 보며 엄마가 말했어요.

"카드 비밀번호는 통장과 같아. 다시 말하지만, 체크카드는 통장의 잔액 안에서만 쓸 수 있단다. 돈이 없어도 물건을 살 수 있는 신용카드

하고는 달라. 절대 잊어버리지 말고."

"넵!"

원영이와 이서는 합창하듯 씩씩하게 대답했어요.

체크카드는 자신의 통장에 남아 있는 잔액 내에서만 쓸 수 있어요.

⟨ 5 ⟩
신용카드는
왜 신용카드일까요?

이서가 새로 생긴 체크카드를 핸드폰 케이스에 소중하게 넣고 나서 물었어요.

"엄마, 신용카드는 언제부터 생겼어요? 돈이 없어도 물건을 살 수 있다는 건 되게 기발한 생각 같아서요."

"책에서 1950년이라고 본 것 같아. 프랭크 맥나마라라는 미국의 사업가가 우연한 계기로 만들었지.

그분이 뉴욕의 식당에서 밥을 먹고 계산하려는데, 지갑을 깜빡하고 안 가져온 거야. 그래서 난처한 상황에 놓였단다.

이 일이 계기가 되어 돈을 쓰고 나중에 갚는 방법이 있으면 편하겠다는 아이디어를 떠올렸지. 친구랑 의논해서 신용카드를 만들었는데, 엄청난 인기를 끌었대."

"돈 쓰기 편해졌겠네요."

"그렇지. 하지만 신용카드로 돈을 쓰고 못 갚으면 카드를 계속 사용할 수 없어. 신용카드 사용 금액은 반드시 갚아야 하는 빚이거든."

"신용카드 쓰는 게 빚이라고요? 그럼 엄마 아빠 카드로 돈 내는 것도 전부 빚이에요?"

"맞아. 신용카드에서 말하는 신용은 '카드로 사용한 돈을 갚을 수 있는 능력'을 말하는 거야.

예를 들어 치킨을 먹고 카드로 결제하면, 신용카드 회사는 식당에 음식값을 먼저 줘. 그리고 미리 정해둔 카드 결제일이 되면 엄마의 은행 계좌에서 돈을 가져가는 거지."

"사람들이 못 갚으면 카드 회사는 망하겠네요."

"그래서 신용카드를 신청하면 카드 회사에서는 직업과 나이까지 조사하고 나서 카드를 만들어 주는 거야."

이서가 고개를 갸우뚱하며 물었어요.

"근데 마트에서 보면 카드 없이 스마트폰만 가지고 돈 내는 사람들도 많던데요?"

"그건 돈 내는 데 필요한 정보를 스마트폰에 미리 등록해 놓기 때문이야. 이런 방식은 스마트폰을 쓰기 때문에 '스마트페이(Smart Pay)'라고도 해.

삼성페이, 카카오페이, 네이버페이, 애플페이 등 다양한 스마트페이가 있지. 그런데 너희들은 아직 어려서 쓸 수 없는 것도 있어."

"아쉽지만 체크카드만으로도 완전 만족이에요. 엄마, 고마워요."

금액을 미리 충전해 두고 그 안에서만 쓰는 카드도 있어요. 선불카드, 지역화폐 카드, 선불 교통카드 등이 그런 거예요.

〈 6 〉
해외에서 쓰는 돈이 따로 있나요?

어느새 7월이 되었어요.

선풍기만으로는 너무 더웠어요. 하지만 아빠가 에어컨은 실내 온도가 섭씨 29도 이상일 때만 틀자고 했어요.

퇴근한 아빠에게 원영이와 이서가 불평하자, 이번엔 엄마도 아빠 편을 들어줬어요. 방학하면 태국으로 해외여행을 다녀오자고 이야기하면서요.

그 말에 원영이와 이서의 불평이 쏙 들어갔어요. 대신에 "와!" 하고 소리를 질렀지요.

엄마는 "환율부터 알아봐야지." 하면서 스마트폰을 들여다보았어요. 원영이가 슬쩍 다가가서 봤더니 '태국 바트'를 검색하고 있었어요.

"바트가 뭐예요?"

원영이의 질문에 아빠가 엄마 대신 대답을 했어요.

"태국에서는 우리나라 돈으로 물건을 살 수 없어. 태국 돈이 바로 '바트'란다. 해외여행 갈 때는 우리나라 돈을 외국 돈으로 바꿔서 가야 해.

이걸 '환전'이라고 하는데, 외국 돈으로 바꿔준다는 뜻이야. 엄마가 말한 환율은 외국 돈하고 우리나라 돈을 바꿔주는 비율을 가리키지."

"자, 검색 결과 지금은 태국 돈 1,000바트를 바꾸려면 3만 7,200원을 내야 해."

엄마의 말에 원영이가 물었어요.

"여행 가려면 아직 한 달이나 남았는데, 벌써 바꿔두게요?"

"아니, 환율은 매일 변해. 지금부터 살펴보다가 환율이 낮을 때 바꾸려고."

이서가 인상을 찌푸리며 말했어요.

"무슨 말인지 모르겠네."

"환율은 오르락내리락한단다. 오늘은 1,000바트에 3만 7,200원이지만 어떤 날은 3만 7,500원일 수도 있고, 3만 6,500원일 수도 있어."

"3만 6,500원일 때 바꾸는 게 이익이네요."

"바로 그거야. 미리 준비하면 그만큼 절약할 수 있어."

"아하, 그렇구나."

이제야 고개를 끄덕이는 이서에게 엄마가 말했어요.

"뉴스 경제 코너에 관심을 가져 봐. 날씨나 주식 가격뿐만 아니라 오늘의 환율도 알려주거든. 전 세계에서 제일 많이 사용하는 미국 달러 위주로 알려주기는 하지만."

"환전은 어디서 하는데요?"

"은행이나 환전소에서 한단다. 공항 환전소에 가면 여행 가는 당일에도 바꿔주지만, 미리 알아보면 같은 돈을 주고도 더 많은 태국 돈을 바꿀 수 있어."

해외여행을 기대하면서 네 사람은 모두 함박웃음을 지었어요.

나라마다 사용하는 돈이 달라요. 해외에 가려면 그 나라 돈으로 환전을 해야 해요.

3장. 돈! 제대로 쓰기

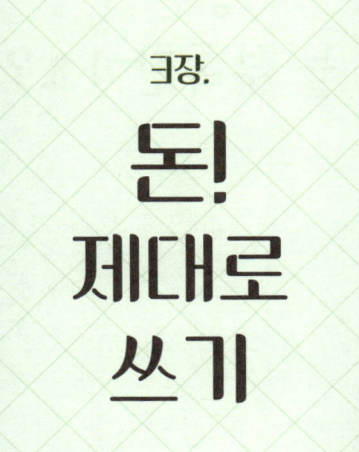

⟨ 1 ⟩
용돈이
늘 부족한가요?

학원에서 수학 공부를 마치고 나오는데 이서가 말했어요.

"원영아, 정말 사고 싶은 게 있는데, 이만 원만 빌려주면 안 돼? 용돈 받으면 바로 줄게."

원영이는 잠시 망설였어요.

물론 돈이 없지는 않았어요. 하지만 '왜 같은 용돈을 받는데 이서는 벌써 돈을 다 써버렸지?' 하는 의문이 들어서요. 몇 달 전에도 저금할 돈이 없다면서 예금이 전혀 늘지 않고 그대로였잖아요.

"뭘 할 건데?"

"아이돌 앨범 사려고. 친구가 샀는데, 포토 카드랑 포토 북이 장난 아니야. 너무 멋있어."

"지난번 앨범도 사지 않았어?"

"그건 작년에 낸 앨범이잖아. 너도 아이돌 좋아하면서 왜 그래. 넌 안 살 거야?"

네, 원영이도 그 아이돌을 무척 좋아해요. 하지만 앨범을 사지 않아도 노래는 얼마든지 들을 수 있어요. 포토 카드나 포토 북이 없어도 아이돌 사진은 얼마든지 볼 수 있는걸요.

돈을 모으기 시작한 후로는 이렇게 쓰는 돈이 아까워졌어요.

"응, 난 안 살래. 아껴서 돈 모으기로 했잖아. 넌 왜 돈을 모으지 않아? 부자 되고 싶다면서."

"치, 안 빌려주려면 말을 말지, 왜 잔소리까지 해?"

이서는 토라져서 먼저 달려가 버렸어요.

한번 습관이 들고 나면, 그걸 고치기란 정말 어려운가 봐요. 이서는 어려서부터 갖고 싶은 것은 떼를 써서라도 반드시 사곤 했거든요. 오죽하면 '세 살 적 버릇이 여든까지 간다.'라는 속담이 다 생겼겠어요.

원영이는 집에 가서 빌려줘야겠다고 생각하고 집으로 돌아왔어요. 하지만 이서는 벌써 나가고 없었어요. 원영이는 서랍에서 2만 원을 꺼내 책상 위에 놓고, 이서가 돌아오길 기다렸죠. 오면 빌려주려고요.

그런데 한 시간쯤 후에 콧노래를 부르며 돌아온 이서 손에는 아이돌 앨범이 들려 있었어요.
포토 카드와 포토 북을 꺼내서 원영이 눈앞에서 한번 흔들더니, 이서는 방으로 들어가 버렸어요. 원영이도 얼른 따라 들어갔어요.
"어떻게 된 거야?"
"왜? 돈 안 빌려주면 내가 못 살까 봐? 넌 앨범 듣지도 말고, 사진도 보지 마!"

원영이는 '이서가 돈이 어디서 났을까.' 생각하다 체크카드가 떠올랐어요. 이서 통장에는 120만 원이 있으니까요.

설마 저금하는 게 아니라 빼서 쓴 건 아니겠죠? 매달 용돈이 부족하다고 했는데, 그럴 리는 없겠죠?

낭비하는 습관이 들면 어른이 돼서 가난하고 힘들게 살아요. 매일 사탕을 먹으면 조만간 가기 싫은 치과에 가야 하는 것처럼요.

20만 원
불필요한 비싼 신발

3만 원
필요한 신발

〈 2 〉
한번 써버린 돈은
돌아오지 않아요

어느새 화해한 원영이와 이서가 문방구에 갔어요.

내일 준비물이 학교 개인 사물함의 자물쇠와 열쇠거든요. 요즘 물건을 잃어버리는 친구들이 생겨서, 선생님께서 사물함에 자물쇠를 채우라고 하셨어요.

문방구에서 자물쇠를 하나씩 들고 계산하러 가다가, 이서가 또 멈췄어요. 키링을 주렁주렁

걸어놓고 파는 진열대 앞이었죠. 까만 토끼가 달린 키링이었어요.

"어때? 이거 가방에 달고 다닌다면 너무 귀엽겠지? 나는 까만 토끼, 너는 하얀 토끼! 우리 하나씩 사자."

예쁘긴 했어요. 하지만 한 개에 1만 1,000원이나 했어요.

"나는 안 살래. 너무 비싸."

"쌍둥인데 나만 달고 다니면 어떡해? 같이 사자."

원영이는 고개를 절레절레 흔들었어요.

네, 이서는 삐졌어요. 하지만 까만 토끼를 포기하진 못했죠. 이서 가방에는 까만 토끼 키링이 귀엽게 매달려서 따라다니게 되었어요.

집에 돌아오자, 엄마는 단번에 이서 가방에 매달린 키링을 눈치챘어요.

"예쁜 토끼네. 이서만 샀니?"

"네, 원영이 요즘 이상해요. 내가 사자는 거, 절대 안 사요. 달라졌어요."

"저런, 이서 속상했구나. 하지만 미리 계획하지 않고 예뻐서 그냥 사는 건 충동구매야. 전에 서랍 정리하면서, 쓸데없는 물건 너무 많이 샀다고 후회하지 않았어?"

"엄마까지 왜 그래요. 키링 하나 산 걸 가지고."

"충동구매가 습관이 되면 고치기 어렵거든. 지금은 키링이지만, 나중에는 비싼 것도 충동적으로 사게 될걸?

충동구매를 자주 하는 사람은 부자가 될 수 없어. 한번 써버린 돈은 절대로 돌아오지 않거든.

물건을 살 때는 필요한 것과 사고 싶은 걸 구별해야 해. 필요한 건 꼭 있어야 하는 것이고, 그냥 사고 싶은 건 없어도 되는 거야. 키링이 없어도 학교 다니고 가방 메고 다니는 데는 아무 상관이 없잖니?"

"이젠 엄마까지 원영이 편이잖아. 정말 속상해."

이서 눈에 눈물이 글썽글썽해졌어요. 예뻐서 산 것뿐인데, 고작 키링 하나 산 것 가지고 다들 왜 이러는 걸까요?

일찍 준비하면 남들보다 먼저 부자가 돼요. 부자가 되려면 "짠돌이" 소리를 들어도 괜찮아요.

오!!

⟨ 3 ⟩
티끌 모아 태산

모처럼 찾아온 토요일이에요. 오랜만에 온 가족이 근처 대형마트로 쇼핑하러 갔어요.

가기 전에 엄마는 사고 싶은 게 있으면 핸드폰에 미리 적어두라고 했어요. 하지만 원영이는 필요한 것 몇 가지만 적었어요.

집 가까이 있는 천 원 마트에서 사도 되는 것들이어서요. 그곳에서는 디자인도 예쁜데 대부분 천 원, 비싸도 5천 원을 넘지 않거든요.

요즘 원영이는 물건을 싸게 살 때마다 기분이 좋아요. 어느새 스크루지가 되었나 봐요. 물건을 사는 것보다 절약해서 돈을 모으는 것이 더 기쁘거든요.

마트에서 엄마가 세탁 세제를 사야 한다고 하셨어요. 세탁 세제에는 두 종류가 있었는데, 엄마랑 이서가 향기를 맡아보고 있었어요.

가격을 보니 원더풀은 1,800ml에 1만 5,000원, 세탁짱은 2,000ml에 1만 8,000원이었어요. 원영이는 얼른 스마트폰 계산기를 두드렸어요.

- 원더풀의 단위당 가격
  15,000원 ÷ 1,800ml = 8.3원
- 세탁짱의 단위당 가격
  18,000원 ÷ 2,000ml = 9원

"엄마, 세탁짱보다 원더풀이 더 싸요."

"그래? 향도 비슷하고 둘 다 써본 제품이니까 더 싼 걸 사자."

엄마는 원영이 말을 듣고 나서 원더풀을 카트에 담았어요.

"그렇게 아껴서 얼마나 절약된다고 마트에서 계산기를 두드리고 있니? 창피하게."

이서의 비아냥에 원영이도 지지 않고 대꾸했어요.

"너는 '티끌 모아 태산'이라는 말도 몰라?"

아빠도 원영이 손을 들어주셨어요.

"그래, 맞아. 아무리 적은 돈이라도 오랫동안 모이면, 깜짝 놀랄 정도로 큰돈이 된단다. 요즘 알뜰살뜰 절약하는 원영이의 태도가 아주 바람직하구나."

"칫, 짠순이가 다 됐어. 난 옛날 원영이가 더 좋아."

이서가 구시렁거렸지만, 원영이는 아무렇지도 않았어요.

요즘 정말로 짠순이가 됐거든요. 아이돌 굿즈를 사는 것도 좋지만, 꼭 돈을 들여서 응원해야만 팬은 아니니까요.

남에게 자랑하고 싶은 마음, 비싼 걸 갖고 싶은 마음. 부자가 되려면 그 마음과의 싸움에서 이겨야 해요. 자신과의 싸움에서 이기는 사람은 뭘 하든 성공할 수 있어요.

나는 70% 할인 받았어!

나는 비싸게 주고 샀네...

< 4 >
불편해도
싸게 사야 할까요?

　원영이와 이서가 1편부터 계속 봤던 시리즈 영화가 개봉했어요.
　'절약의 달인'이 된 원영이도 이 영화만큼은 보기로 결심했죠. 정말 좋아하는 영화니까요.
　게다가 영화표는 아빠가 통신사 할인을 받아서 싸게 끊어주셨어요.
　영화관에 가려면 전철을 타고 두 정거장 가야 해요. 쌍둥이 자매는 색깔만 다른 옷을 입고, 색깔만 다른 신발을 신고서 영화관으로 향했어요.

가기 전에 원영이는 텀블러에 물을 담고, 과자 한 봉지를 가방에 챙겨 넣었어요. 음료수랑 팝콘을 사 먹으려면 영화표보다 더 큰 돈이 필요하니까요.

물론 이서한테는 말하지 않았어요. 말해봤자 '짠순이'라고 놀리기만 할 테니까요.

지하철역에서 이서가 자판기 음료수를 사려고 했어요. 마트보다 더 비싼 가격이었죠.

"이제 두 정거장만 가면 도착인데, 음료수를 꼭 마셔야 해?"

"목이 마르단 말이야."

"다이어트한다고 하지 않았어? 음료수 칼로리가 얼마나 높은데."

다이어트와 칼로리 공격에 이서는 자판기 음료수를 포기했어요.

원영이는 몰래 흐뭇한 미소를 지었어요. 이렇게 절약이 아닌 다른 이유를 대는 편이 이서한테 제대로 먹힌다는 걸 터득했거든요.

영화관에 들어서자마자 이서는 간식코너로 갔어요. 팝콘과 콜라를 사려고요. 제일 큰 팝콘을 주문하는 이서 귀에 원영이가 속삭였어요.

"꼭 살 거면 제일 작은 걸로 사. 나는 물이랑 과자 가져왔거든. 내 거 나눠 먹으면 더 좋고."

이서도 속삭였어요.

"내 돈으로 살 거니까 간섭 마. 영화관에서는 팝콘과 콜라 왕창 먹어 줘야지."

이렇게 말할 줄 알았어요. 그래서 과자랑 물을 몰래 챙겨온 거예요.

영화는 너무너무 재미있었어요. 원영이도 이서도 만족했어요.

집으로 돌아오는 길이었어요. 이서가 편의점 앞에서 멈춰 섰어요.
"아, 배고파. 우리 편의점에서 컵라면이라도 먹고 가자."
"100미터만 걸어가면 집인데, 집 근처 마트에서 컵라면 사다 집에서 먹으면 되잖아."

"왜? 편의점보다 마트가 더 싸?"

"응. 어떻게 알았어?"

"너 요즘 싼 것만 좋아하잖아. 뻔하지. 미안하지만 거절! 편의점에서 먹는 게 더 맛있어."

"왜? 마트까지 걸어갔다 오면, 운동도 되니까 이득인데."

"그래? 흠, 좋아. 발품 팔아볼까?"

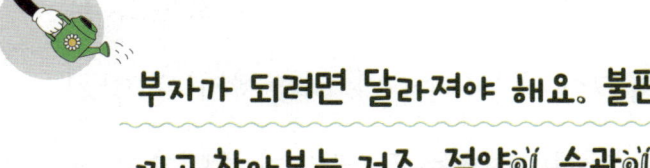
부자가 되려면 달라져야 해요. 불편해도 아끼고 참아보는 거죠. 절약이 습관이 되면 이런 것들이 오히려 좋아져요.

〈 5 〉
아나바다가 뭐예요?

원영이와 이서가 안 쓰는 물건을 찾느라 분주해요. 학교에서 '아나바다 벼룩시장'을 열기로 하면서, 각자 안 쓰는 물건을 가져오라고 했거든요.

이서는 손도 안 댄 18색 색연필과 이제는 안 쓰는 머리띠와 머리핀, 한때 좋아했던 키링들을 챙겼어요.

원영이는 상품으로 받은 공책들과 이제는 보

지 않는 책, 흥미가 떨어진 오카리나, 키가 커져서 못 입는 예쁜 치마를 챙겼어요.

엄마가 사용하지 않은 찻잔 세트도 협찬해 줘서 조심히 가방에 넣었어요. 가격은 찻잔 세트와 치마는 1,000원, 공책들은 100원, 나머지는 전부 500원으로 정했어요.

다음 날 오후, 학교 운동장에서는 벼룩시장이 열렸어요.

'아나바다! **아**껴 쓰고 **나**눠 쓰고 **바**꿔 쓰고 **다**시 쓰자!'

'지구를 살리는 벼룩시장'

'재사용, 재활용으로 자원도 아끼고 지구도 아낍시다!'

이런 말들이 적힌 현수막과 팻말이 곳곳에 있었어요. 사람들이 제법 북적거렸고, 엄마와 원영이, 이서도 신나서 구경하고 다녔어요.

사고 싶은 물건들이 꽤 많았어요. 이서는 줄무늬 양말, 연두색 모자, 분홍 핸드백을 샀어요. 원영이는 청바지, 책, 샤프펜슬과 샤프심, 작은 알람 시계를 샀고요.

그리고 둘은 내놓은 물건들이 팔렸는지 확인하러 갔어요. 그랬더니 놀랍게도 거의 다 팔리고 없었어요. 안 쓰는 물건들이 누군가한테 가서 쓰이게 된다고 생각하니 기분이 좋았어요.

물건을 판 돈에서 물건을 산 돈을 빼고도 5,000원이나 남았어요. 둘은 사이좋게 나눠 가졌어요.

그런 딸들을 보며 엄마가 흐뭇해하셨어요.

"선진국일수록 재사용이나 재활용에 적극적이란다. 그래서 공원이나 뒷마당, 광장 등에서 벼룩시장을 여는 곳이 많아.

이런 벼룩시장이 자주 열려야 해. 가지고만 있고 안 쓰는 물건들이 너무 많잖아. 쓸 만한 물건을 싸게 살 수 있고, 환경 파괴도 줄일 수 있으니 이보다 더 좋을 순 없겠지?"

아나바다를 실천해 보세요. 물건을 아껴 쓰고, 필요 없는 물건은 남에게 나눠 주세요. 필요한 물건이 있다면 서로 바꿔 쓰는 것도 좋아요.

⟨6⟩
더 행복하게 부자 되기

날씨가 꽤 추워졌어요. 며칠 있으면 12월이거든요.

"엄마, 나 숏패딩 하나 사주면 안 돼요? 요즘 친구들이 다 숏패딩 입어요."

학교에서 돌아온 이서가 엄마를 조르고 있었어요.

"작년에는 롱패딩 사지 않았니? 그게 유행이라면서."

"그래서 하는 말이죠. 나한테는 롱패딩밖에 없는데, 추워지니까 전부 짧은 패딩을 입기 시작했다고요. 나만 롱패딩 입으면 친구들이 이상하게 볼걸요?"

"원영이한테 물어보자. 친구들이 전부 숏패딩을 입고 다니는지. 원영아, 정말 그러니?"

"숏패딩을 많이 입기는 해요. 그런데 이상해요. 왜 다들 비슷한 가방, 비슷한 신발, 비슷한 옷을 입으려고 하죠? 비싸기만 하지, 특별히 예쁜 것도 아닌데 말이에요."

"그런 걸 '또래 압력'이라고 해. 친구들과 똑같이 행동하려는 거지."

"그러니까 나도 숏패딩 사달라고요. 친구들한테 무시당하거나 놀림당하기 싫어요. 자존심이 있지."

"이서야, 입는 옷으로 놀리는 친구가 있다면, 같이 안 놀아도 돼. 진짜 친구는 그렇게 행동하지 않거든. 친구들이 옷 때문에 다른 친구를 무시한다면, 네가 나서서 말려야지."

"그게 쉬워요? 그러면 내가 왕따가 될지도 모른다구요."

"말릴 용기가 없으면, 최소한 놀리지는 마. 친구가 가진 것을 너도 가져야 할 필요는 없어. 자기한테 어울리는 게 가장 좋은 거야."

여전히 볼이 부어 있는 이서에게 원영이가 말했어요.

"너처럼 성격 좋고 사랑스러운 애를 왜 따돌리겠니? 게다가 너는 절대 외로워질 리가 없어. 내가 있잖아."

남이 가진 것을 부러워하지 마세요. 친구들을 따라 하지 말고 자신이 원하는 것을 하세요. 더 행복하게, 더 빨리 부자가 될 수 있답니다. 그땐 친구들이 여러분을 부러워하겠죠.

나는 광고의 유혹에 안 넘어가!

4장.

돈! 잘 모으기

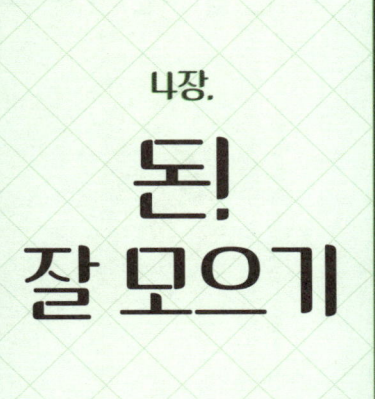

⟨1⟩
돈이 돈을 번다고요?

원영이와 이서에게 통장과 용돈이 생긴 지도 벌써 1년이 지났어요. 어느 날, 엄마와 아빠가 두 딸을 불렀어요.

"너희들, 부자 되기 프로젝트를 시작한 지 벌써 일 년이 지났구나. 괜찮다면 통장을 한번 보여줄래?"

원영이는 부모님에게 통장을 내밀었지만, 이서는 통장을 손에 쥐고 망설였어요.

"괜찮아. 혼내려고 하는 게 아니란다. 그동안 어떻게 했는지 궁금해서 그래. 통장을 보고 나서 해줄 말도 있고."

원영이가 내민 통장에는 172만 원 가까운 금액이 적혀 있었고, 이서가 쭈뼛거리며 내민 통장에는 97만 원 정도가 적혀 있었어요.

"원영이는 생각보다 훨씬 많은 돈을 모았네. 어떻게 모았어?"

"매달 용돈에서 3만 원씩 저금하고 남은 돈만 썼어요. 세뱃돈에서 10만 원 저금했고, 큰아빠와 할머니가 주신 돈도 안 쓰고 통장에 넣었어요."

"대단하네. 그런데 이서는 왜 줄어들었을까?"

"용돈을 모두 통장에 넣어두고 체크카드를

썼더니 오히려 줄어들었어요. 친구들과 놀 때도 많고, 사고 싶은 것도 많아서요. 죄송해요."

"미안할 일 아니야. 이건 너희들 돈이니까. 이제 시작한 지 1년밖에 안 됐고, 너희들은 앞으로 30년, 40년 돈을 모아 나갈 텐데 뭘."

"그래도 원영이 통장이랑 비교하니까 제가 잘못한 것 같고 속상해요."

"괜찮아. 앞으로 잘하면 돼. 오늘 아빠가 하고 싶은 말은 종잣돈 이야기야."

"종잣돈요?"

"돈을 모으기만 해서는 부자가 될 수 없단다. 돈이 돈을 벌게 해야 해. 그 돈이 '종잣돈'이야.

종자가 뭐니? 식물의 씨앗이지? 돈을 버는 씨앗이 되는 돈이 바로 종잣돈이야. 너희는 학생이니까 우선 천만 원부터 모아봐."

"우리가 천만 원을 어떻게 모아요?"

이서가 깜짝 놀라며 말했어요.

"대학교 졸업할 때까지 모으면 될 거야. 원영이는 벌써 꽤 모았잖아. 이서도 100만 원 가까이 있고.

일단 천만 원을 모으겠다고 결심하고, 목표가 잘 보이도록 책상 앞에 붙여놓는 거야. 매일 보고 잊지 않도록!

중요한 것은 원영이처럼 용돈에서 일정한 금액을 무조건 저축하는 거란다."

마중물 같은 종잣돈이 있어야 돼. 그래야 물이 펑펑 나오듯 돈도 많이 벌 수 있어.

"지금까지처럼 계속 모으면 될까요?"

원영이의 질문에 아빠는 이렇게 말했어요.

"아니야. 100만 원 단위로 모이면 정기 예금에 넣는 게 좋아. 지금 너희들 통장에도 예금 이자가 들어왔지? 정기 예금에 넣으면 이자를 더 많이 주거든."

"정기 예금이 뭔데요?"

이서가 물었죠.

"돈을 정해놓은 기간 동안 계속 맡겨두는 거야. 1년이든 6개월이든. 오늘은 여기까지! 궁금한 건 언제든지 물어보렴."

여러분도 결심하고 적어봐요. "나는 남을 돕고 존경받는 큰 부자가 되겠다." 그리고 마음이 흐트러질 때마다 소리 내서 읽어요. 진심을 담은 말은 여러분을 성공으로 이끌죠.

〈 2 〉
들어온 돈과
나간 돈

이서는 통장을 공개한 후에 조금 부끄러웠어요. 걱정도 됐고요.

그동안 원영이한테 짠순이라고 놀렸는데, 나중에 원영이만 부자가 되고, 자기는 가난해질 것 같았거든요. 벌써 통장에 있는 돈이 두 배 가까이 차이가 나잖아요.

이서는 원영이 방으로 갔어요.

"짠순이라고 놀려서 미안해. 이제부터는 나

도 짠순이 할래."

원영이가 환하게 웃었어요.

"그래, 잘 생각했어. 우리 내일 엄마랑 정기 예금 하러 가자."

"내 돈은 100만 원보다 적은걸."

"무슨 걱정이야? 내일 용돈 받는 날이잖아. 용돈에서 3만 원 저금하면 너도 100만 원이지."

"그러네!"

이서 얼굴이 드디어 환해졌어요.

다음 날 은행에 가서 정기 예금 통장을 만들어준 엄마는, 돌아오는 길에 문구점에 들렀어요. 그리고 가계부, 금전 출납부, 용돈 기입장 등을 살펴보더니, 용돈 기입장을 두 권 사서 하나씩 나눠줬어요.

"자, 엄마 선물. 앞으로는 수입과 지출을 기록해봐. 들어온 돈이 '수입', 나간 돈이 '지출'이야.

계속 쓰다 보면 돈을 모으는 데 크게 도움이 될 거야. 수입에는 돈이 생길 때마다 모두 적어. 지출에는 쓴 돈을 모두 적으면 돼."

"일기처럼요?"

"응. 잠자리에 들기 전에 책상에 앉아서 하루를 정리해 보렴. 엄마도 가계부를 쓰는데, 그날 쓴 돈도 깜빡할 때가 많아. 돈을 쓸 때마다 핸드폰에 기록하면 깜빡할 걱정이 없겠지?

절대로 수입보다 지출이 더 많으면 안 돼. 만일 쓴 돈이 더 많았다면, 지출한 돈 중에서 아낄 수 있는 걸 찾아봐. 군것질 줄이고, 놀이공원 대신 한강에서 자전거를 타는 식으로."

"네!"

이서가 큰 목소리로 대답했어요.

돈은 얼마나 많이 버느냐보다 어떻게 쓰느냐가 더 중요하답니다. 여러분도 수입과 지출을 꼬박꼬박 기록하는 습관을 들여보세요.

〈 3 〉
저축 먼저 할래요

원영이와 이서는 머리를 맞대고 종잣돈을 만들 수 있는 규칙을 정했어요. 만약 두 사람 중에 한 명이라도 이 규칙을 어길 경우에는 그 즉시 서로에게 경고를 해주기로 했지요.

규칙은 간단하지만 중요한 걸로 정했어요. 다음과 같은 네 가지였답니다.

첫째, 쓰고 남은 돈을 저축하지 말고, 저축

먼저 하고 남은 돈을 쓰자.

  이건 이서가 이미 경험했어요.

  용돈을 쓰고 남으면 모으려고 했는데, 1년 동안 한 번도 안 남았거든요.

  둘째, 실천할 수 있는 계획을 세우자.

  이건 원영이가 주장한 원칙이었어요. 두 사람의 계획은 이랬어요.

  '매달 용돈에서 3만 원을 저축하고, 세뱃돈과 특별 용돈은 절반씩 저축하자.'

  셋째, 물건을 소중히 여기자.

  이건 벼룩시장을 참가하고 얻은 교훈이었어요. 갖고 다니는 물건에는 이름을 쓰고, 물건을 사용하면 원래대로 정리하기로 했어요. 그래야 낭비를 줄일 수 있으니까요.

넷째, 적은 돈도 소중히 여기자.

적은 돈을 함부로 하면 종잣돈을 모을 수 없어요. 이서는 1년 동안 가진 돈이 줄어들었어요. 왜일까요?

돈이 있으면 다 써버렸기 때문이죠. 그랬더니 큰돈 쓴 것도 아닌데, 통장의 잔액이 오히려 줄어든 거예요.

돈 관리 잘하는 생활 습관

두 사람은 이 규칙을 적은 다음, 각자의 책상 옆 벽에 붙였어요. 고개만 들면 보일 수 있도록요.

저축을 해서 만족을 나중으로 미뤄야지!

여러분도 원영이와 예서처럼 목표 금액을 세워 보세요. 그런 다음, 지금부터 알뜰살뜰 종잣돈을 모아 보세요.

⟨4⟩
저금통보다 은행!

네 가지 규칙을 벽에 붙이던 원영이 눈에 저금통이 보였어요. 순간 원영이에게 번쩍, 하고 드는 생각이 있었어요.

'왜 내가 돈을 저금통에 넣어뒀지?'

돈을 은행에 저금할 생각을 왜 못 했던 걸까요? 은행에 넣어두었다면 이자를 받았을 텐데 말이죠.

원영이는 이서 방으로 달려갔어요.

"이서야! 우리 저금통의 돈, 은행에 넣자."

둘은 저금통에 얼마나 있는지 나란히 앉아서 계산했어요. 백 원, 오백 원 동전에 섞인 지폐까지 계산했더니, 원영이는 7만 원 정도, 이서는 6만 원 정도 있었어요.

다음 날 오후, 이 돈은 두 사람의 통장으로 모두 들어갔어요.

비록 적지만 이 돈은 이자를 벌어들일 거예요. 저금통에 5년 넘게 있으면서 한 푼도 못 벌어들였던 돈이 드디어 일을 하기 시작한 거예요.

이 이야기를 했더니, 엄마에게 칭찬을 들었어요.

"잘했어. 돈이 저금통에 들어있으면, 사실은 줄어드는 거야. 물건 가격은 계속 올라가거든."

"그게 저금통 돈하고 무슨 상관이 있어요?"

"큰 상관이 있지. 2023년 기준으로 짜장면 가격은 약 6,500원이었어.

그런데 1970년에는 100원에 불과했었단다.

1998년에는 2,500원이었고, 2014년에는 4,400원으로 껑충 뛰었지. 10년 전에 짜장면값을 아껴서 저금통에 넣었다면, 지금 그 돈으로 짜장면 한 그릇을 사먹을 수 있겠니?"

"당연히 못 사먹죠."

"거봐. 돈의 가치가 오히려 줄어들었잖니. 그러니까 돈은 이자 주는 은행에 넣어두는 게 현명한 거야."

은행에 돈을 보관하면 내 계좌에 들어온 돈과 나간 돈이 모두 기록된답니다. 언제, 얼마나 저축하고, 얼마나 꺼내 썼는지 알 수 있죠.

⟨ 5 ⟩
부자가 될 준비운동

정기 예금 통장을 만들고 나서 원영이랑 이서는 궁금해졌어요. 처음에 넣었던 통장의 이자와 정기 예금 통장의 이자가 얼마나 차이가 날지가요.

엄마에게 물었더니, 인터넷에서 '예금 이자 계산기'라는 말로 검색해 보라고 하셨어요. 원금과 이율, 기간을 넣으면 예금 이자를 계산해 준다고요.

둘은 거실 컴퓨터 앞에 나란히 앉아 검색하기 시작했어요. 그런데 궁금한 점이 점점 더 많아지지 뭐예요?

하는 수 없이 엄마한테 다시 물었어요.

"엄마, 이자 과세가 뭐예요?"

"응, 이자에도 세금이 붙는단다. 그것도 이익이니까 세금이 붙는 거야."

"비과세는요?"

"이자 세금을 안 받는다는 거지. 면제해 주는 거야."

"엄마, 이자에는 단리와 복리가 있다면서요. 그게 대체 뭐예요?"

"그거 아주 중요한 거야.

은행에서는 이자를 [원금×이자율]로 계산해서 통장에 넣어줘. 이자율은 은행마다 달라. 예금 종류에 따라서도 다르고.

단리는 이자를 줄 때 [원금 × 이자율 × 기간]으로 계산해서 주는 거야. 복리는 원금뿐만 아니라 이자에도 이자를 주는 거지."

"단리보다 복리가 이자가 더 많겠네요?"

"그럼! 이자 계산기로 단리일 때랑 복리일 때 이자를 계산해 봐. 차이가 있어. 복리는 계산이 복잡해서 이자 계산기로 계산해야 정확할 거야."

흥미가 생긴 원영이와 이서는 1,000만 원을 연이율 5%로 5년 동안 예금했을 때, 단리와 복리가 얼마나 다른지 계산을 해봤어요. 단리일 때는 5년 뒤에 원금과 이자 합해서 1,250만 원을 받아요. 그런데 복리로 계산했더니 5년 뒤에 1,283만 3,587원을 받는대요.

"엄마, 단리일 때랑 복리일 때 이자 차이가 생각보다 적어요."

"하하, 질문이 끝이 없구나. 복리는 시간이 길어야 효과가 커. 기간을 20년으로 계산해 봐. 차이가 클 테니."

둘은 기간을 20년으로 늘려서 계산해 봤어요. 단리일 경우에는 2,000만 원을 받을 뿐이지만, 복리일 경우에는 2,712만 6,403원이나 받을 수 있대요. 물론 비과세일 경우에요.

"오호, 차이가 꽤 크네?"

이서가 감탄했어요.

"이제 만족했니? 은행에 돈을 복리로 넣어두면 눈덩이처럼 불어나. 복리와 시간이 합쳐지면 마법같은 일이 일어나거든. 그래서 어려서부터 시작해야 한다는 거야."

"빨리 시작했으니, 우린 분명 부자가 되겠네요."

이서와 원영이가 마주 보고 웃었어요.

복리의 중요성을 이해했나요? 복리와 시간의 힘을 알았다면, 여러분은 이제 부자가 될 준비운동을 끝낸 거예요.

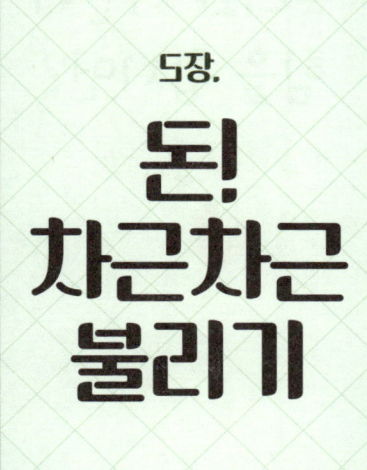

5장.

돈! 차근차근 불리기

〈 1 〉
복리와 시간이 힘을 합치면?

   방학 첫날, 원영이와 이서는 컴퓨터 앞에 나란히 앉아 있었어요. 예금 이자 계산에 푹 빠졌거든요. 요즘은 이서가 더 열심이에요.

   "복리와 시간이 중요하다고 했잖아? 이자율은 은행에서 결정하지만 시간은 우리가 결정해.

   대학교 졸업까지 1,000만 원을 모았다 생각하고, 이 돈으로 얼마나 벌 수 있는지 계산해 보자."

1,000만 원을 30년 동안 연이율 5% 복리로 비과세 정기 예금에 넣으면 총 4,467만 7,443원을 받을 수 있대요. 원금보다 4배 이상 많아요. 금액이 더 커지면 더 큰 차이가 날 거예요.

　이번에는 비과세 적금으로 계산해 봤어요.
　10세부터 매달 10만 원씩 연이율 4% 복리로 40년 동안 저축하면 50세 때 1억 1,859만 121원을 받게 돼요. 저축 원금은 4,800만 원이죠.
　하지만 30세부터 20년 동안 저축하면 50세가 됐을 때 총 3,679만 9,721원을 받을 수 있어요. 저축 원금은 2,400만 원이죠.

　원영이와 이서는 입을 다물지 못했어요. 그래서 어려서부터 돈을 모으는 것이 중요하다는 거였어요.

"와, 우리 잘 해보자. 진짜 부자가 될 수 있겠어."

이서와 원영이는 굳게 약속했어요.

복리에 시간까지 더해지면 큰 차이가 생겨요. 일찍부터 저축하는 것이 얼마나 중요한지 깨달았나요?

〈 2 〉
투자가 뭐예요?

원영이와 이서가 텔레비전을 보는데, 엄마와 아빠가 주식 투자 이야기를 하고 있었어요. 주식이 올라서 돈을 꽤 벌었다고 했어요.

요즘 돈에 부쩍 관심이 커진 이서가 물었어요.

"우리도 주식 투자 하면 안 돼요?"

엄마와 아빠는 조금 당황한 것 같았어요.

"글쎄, 안 될 건 없지. 돈 버는 방법은 여러

가지가 있단다. 예금과 적금뿐만 아니라 주식, 채권, 펀드도 있지. 너희들도 투자할 수는 있지만, 위험한 것도 있어."

"요즘 우리도 공부 많이 했어요. 알려줘요. 주식, 채권, 펀드가 뭔데요?"

원영이도 진지하게 알고 싶었어요. 아빠는 종이에 적으면서 설명해 주셨어요.

"우선 채권은 국가나 공공 기관, 기업 등이 발행해. 돈을 빌리면서 몇 년 후에 이자와 함께 갚겠다고 약속하는 증서 같은 거지.

나라에서 발행한 채권을 사는 건 꽤 안전한 투자란다. 시간만 지나면 정해진 이자랑 원금을 책임지고 주거든. 하지만 돈이 적은 너희들이 투자하기는 쉽지 않아."

"펀드는요?"

"펀드는 전문가가 대신 투자해 주는 거야. 주식이나 채권 등에 투자해서 번 돈을 투자자들에게 돌려줘. 우리가 직접 투자하지 않으니까 '간접 투자 상품'이라고 해.

정기 예금처럼 한꺼번에 큰돈을 넣을 수도 있고, 적금처럼 다달이 넣는 '적립식 펀드'도 있어. 적은 돈으로도 투자할 수 있고, 전문가가 대신해 주니까 너희들도 할 수 있지."

한 바구니 안 돼요.

"어떻게 투자하는 건데요? 매달 돈 내는 거라면 우리도 해보고 싶은데."

"적금하는 것처럼 펀드에 돈을 넣으면 돼. 하지만 적금과 달라서 손해를 볼 수도 있어."

"그러면 주식 투자는 어떻게 하는 거예요?"

"은행 예금이나 채권보다 위험하지. 주식은 회사를 사는 것과 마찬가진데, 산 가격보다 낮아질 수도 있고, 투자한 회사가 망할 수도 있어. 돈을 벌 수 있지만, 잘못하면 잃을 수도 있지."

"무서운 거구나."

"아니, 방법에 따라 위험하지 않을 수도 있어. 생각해 보니 너희들이 주식 투자를 해보는 것도 괜찮을 것 같다. 저녁 먹고 설명해 줄게."

예금과 적금 외에 주식, 채권, 펀드로도 돈을 벌 수 있어요. 하지만 원금을 손해 보는 경우도 있다는 걸 명심하세요.

< 3 >
나도 사업가가 될 수 있나요?

저녁을 먹고 아빠는 주식 투자에 대해 알려 주셨어요. 직접 회사를 세우지 않고도 사업가가 되는 방법이라고 하시면서요.

"주식 투자는 다른 사업가의 성공에 올라타는 거랑 비슷해. 사업을 제일 잘하는 회사의 말을 타고 가다가 다른 말이 앞지르면, 선두가 된 말로 바꿔 타고 달려도 아무도 손가락질하지 않아.

직접 창업하는 것보다 안전하고, 어려도 할 수 있고 직장에 다니면서도 할 수 있어. 아빠도 직장에 다니면서 하고 있으니까."

이서가 고개를 갸웃거리며 물었어요.

"주식이 도대체 뭔데요?"

"회사의 주인 자격증을 잘게 나눈 게 주식이야. 1주든 100주든, 주식을 거래할 수 있는 시간이면 언제든 사고팔 수 있어.

간단히 말하면 주식을 사고파는 것이 주식 투자야. 우리는 삼성전자 주인이 될 수도 있고, 현대자동차 주인이 될 수도 있지."

"어떻게 투자할 수 있어요?"

"은행 통장처럼 엄마나 아빠랑 같이 은행이나 증권사에 가서 주식 거래 계좌를 만들면 돼. 인터넷이나 앱으로도 할 수 있어.

일단 계좌를 만들고, 주식 거래 시스템을 내려받아 설치하면 돼. 스마트폰이나 컴퓨터로 주식을 사고팔 수 있지."

"주식 투자를 하면 돈은 어떻게 벌어요?"

"낮은 가격에 산 주식을 값이 올랐을 때 팔면 되지. 천 원에 산 주식을 이천 원에 팔면 천 원 수익이 나는 셈이야. 역시 세금은 떼고."

"계속 사고팔면 돈도 많이 벌 수 있겠네요?"

"아니지. 잘나가는 기업, 능력 좋은 경영자가 운영하는 회사의 주식을 샀으면, 팔지 않는 게 좋아. 주식을 사면 그 회사의 주인이거든. 특히 배당이 나오는 주식은 평생 팔지 않아도 돼."

"배당은 또 뭐예요?"

"배당은 기업이 사업을 잘해서 남긴 이익을 주주들에게 나눠주는 거야. 1년에 한 번쯤, 주주라는 이유로 용돈을 주는 셈이지."

원영이와 이서는 호기심 어린 눈빛으로 고개를 끄덕였어요.

주식을 사면 여러분도 그 회사의 어엿한 주인이에요. 그러니 회사가 내 것이라는 마음으로 관심을 가지세요.

⟨ 4 ⟩
어떤 회사의 주인이 될까요?

며칠 뒤, 아빠는 시간을 내서 원영이와 이서에게 증권 계좌를 만들어 주셨어요.

은행에서 만들 수도 있지만, 분위기를 한번 느껴 보라고 하면서 증권 회사에서 만들었답니다. 투자금도 20만 원씩 넣어 주셨어요.

거실에 있는 컴퓨터에 주식 거래 시스템도 깔아 주셨어요. '스마트폰에 깔면 너무 자주 들여다볼까 봐.'라는 게 그 이유였어요.

"자, 투자할 회사를 골라볼까? 먼저 관심있는 분야에서 제일 잘나가는 회사를 찾아보자."

"그런데 1등 하는 회사를 우리가 어떻게 알 수 있어요?"

"검색을 해보면 돼. 같은 종류의 물건이나 서비스를 다루는 회사 중에서 시가 총액이 가장 큰 회사를 고르면 된단다.

시가 총액이란 거래되는 주식들의 가격을 전부 합친 건데, 증권사나 포털사이트에서 종목 검색을 하면 알 수 있어. 투자에 필요한 정보를 대부분 알려주거든."

"그다음에는 뭘 하면 돼요?"

"1등 기업의 주식을 꾸준히 사서 모으렴. 너희들은 사고팔아서 돈을 벌려고 하면 안 돼. 좋은 회사의 주식을 몇 년 동안 계속 사면 대부분 돈을 벌 수 있어.

오래 투자해야 하니까 1등을 하는 것은 아주 중요해. 1등은 대체로 망하지 않거든."

"맞아요, 원영이는 늘 1등인데, 시험을 망쳐도 2등이지 나보다 못 본 적 없어요."

느닷없는 이서의 말에 온 가족이 크게 웃었어요.

"좋은 회사의 주식을 5년, 10년 꾸준히 모으면 너희들이 바로 사업가야. 그 회사의 주인이니까. 진짜 주인! 주식을 가지고 있다는 건 그런 뜻이거든.

너희 회사니까 회사 제품도 사용하는 것이 좋겠지. 제품이 팔릴 때마다 몇천만 분의 1 정도는 너희 돈이라고 생각해. 그런 마음으로 주식 투자를 하게 되면, 경제 공부도 되고 수익도 올라간단다."

내가 기업의 주인이라고 생각하면 경제 공부도 훨씬 쉬워져요. 새로운 것들을 하나하나 알아가는 것이 너무 재미있거든요.

언제 사면 될까?

5장. 돈! 차근차근 불리기

〈 5 〉
주식 투자, 일찍 시작해 봐요

　원영이와 이서는 주식을 시험삼아 한 주씩만 사보기로 결정했어요. 일단 사놓은 다음에 천천히 공부하려는 작전이었어요.
　원영이는 핸드폰 회사의 주식을, 이서는 식품 회사의 주식을 샀어요. 아빠 말대로 그 분야에서 시가 총액이 제일 큰 회사로 골랐죠.
　퇴근한 아빠가 주식 투자로 성공한 사람들은 어떤 점이 다른지 알려주셨어요.

"첫째, 자신이 투자한 회사의 경영자라고 생각해. 그래서 무엇을 만들어 파는 회사인지, 회사의 수익은 어디서 나는지 다 알고 있어.

둘째, 주식 투자에는 여윳돈만 사용한단다. 금방 써야 할 돈이나 빌린 돈이라면, 돈이 필요할 때 손해를 보더라도 주식을 팔아야겠지? 이런 돈으로는 절대 성공할 수 없어.

셋째, 주식을 싸게 살 수 있을 때까지 기다릴 줄 알아. 한 주씩 사면서 봤겠지만, 주식의 가격은 계속 변해.

같은 주식을 원영이는 5만 원, 이서는 3만 원에 샀다고 생각해 봐. 4만 원일 때면 원영이는 손해를 봤고 이서는 이익이지? 그래서 싸게 사는 게 중요해."

"아하, 그렇구나. 근데 팔지 않고 가지고 있다가 주가가 떨어지면 어떻게 해요?"

"그때 그 주식을 안 팔았다면 지금쯤 부자가 됐을 거라는 사람들이 정말 많아. 주가가 올랐을 때 팔았지만, 나중에 보면 판 값보다 훨씬 올라 있거든.

좋은 회사의 주식을 조금 올랐다고 팔아버리는 건 어리석은 일이야. 주식 투자는 최소한 5년은 기다려야 하는데, 너희가 가진 돈은 오래오래 주식 투자를 해도 돼. 어른처럼 큰돈을 쓸 일이 없으니까.

그러니 너희들이 오히려 어른들보다 주식 투자에 훨씬 유리한 조건을 갖추고 있는 셈이지. 어려서부터 투자를 시작하면 나중에 큰 부자가 되거든."

돈 모으기처럼 주식 투자도 일찍 시작하는 것이 얼마나 중요한지 알았어요.

게다가 20대 후반에 취업하면, 투자금을 늘려서 더 많이 투자할 수 있겠죠. 계산 안 해도 엄청난 돈을 벌 수 있다는 건 확실하네요.

원영이와 이서는 자기 전에 부모님께 감사 인사를 드렸어요.

"콘서트 티켓 끊어주시는 대신에 은행 계좌 만들어 주셔서 감사해요. 커서는 우리가 엄마 아빠한테 용돈 드릴게요."

여러분도 지금부터 아껴서 저축하면서 부자 되기 시작하세요. 절대 망설이지 마세요! Good luck!

어린이를 위한 돈의 속성

초판 1쇄 인쇄	2024년 4월 10일
1판 9쇄 발행	2025년 5월 15일
엮은이	서진
펴낸 곳	스노우폭스북스
기획·편집	여왕벌(서진)
일러스트	강인성
구성	호경(이호경)
교정 진행	클리어(정현주)
전략 지원	DK(김정현)
기획·계약	진저(박정아)
AI 홍보 전략	테드(이한음)
퍼포먼스 바이럴	썸머(윤서하)
도서 디자인	헤라(강희연)
마케팅 디자인	샤인(김완선)
검색	형연(김형연)
영업	영신(이동진)
제작	해니(박범준)
종이	월드페이퍼
인쇄	남양문화사
주소	경기도 파주시 회동길 527, 스노우폭스북스빌딩 3층
대표번호	031-927-9965
팩스	070-7589-0721
전자우편	edit@sfbooks.co.kr
출판신고	2015년 8월 7일 제406-2015-000159

ISBN 979-11-91769-67-8   73320

· 스노우폭스북스는 여러분의 소중한 원고를 언제나 성실히 검토합니다.
· 이 책에 실린 모든 내용은 저작권법에 따라 보호를 받는 저작물이므로 무단 전재와 무단 복제를 금합니다.
· 이 책 내용의 전부 또는 일부를 사용하려면 반드시 출판사의 동의를 받아야 합니다.
· 잘못된 책은 구입처에서 교환해 드립니다.

스노우폭스북스는 "이 책을 읽게 될 단 한 명의 독자만을 바라보고 책을 만듭니다."